LA

FILLE DU CID,

TRAGÉDIE EN TROIS ACTES.

IMPRIMÉ PAR BÉTHUNE ET PLON, A PARIS.

LA FILLE DU CID,

TRAGÉDIE EN TROIS ACTES.

PAR

CASIMIR DELAVIGNE,

DE L'ACADÉMIE FRANÇAISE.

PARIS.

CH. TRESSE, LIBRAIRE-ÉDITEUR,

ACQUÉREUR DES FONDS DE J. N. BARBA ET V. BEZOU,

PALAIS-ROYAL, GALERIE DE CHARTRES, 2 et 3;

DERRIÈRE LE THÉÂTRE-FRANÇAIS.

VICTOR LECOU, ÉDITEUR.

1840.

A l'Espagne.

A toi, veuve du Cid, à toi, sœur de la France,
La fleur que j'ai cueillie au jardin de Valence!

Espagne, il est beau ce soleil
Qui mêle à tes jasmins les roses que tes filles

Suspendent en dansant aux nœuds de leurs résilles.
Souriant dans l'azur, il te cherche au réveil,
Comme heureux d'admirer les trésors qu'il te donne;
Pour toi sous ses baisers la pomme d'or rayonne.
Et le raisin pour toi s'enlace au fruit vermeil
Dont Grenade t'invite à cueillir la couronne.
Il charge d'épis mûrs ton rivage où deux mers
Viennent en s'enflammant briser leurs flots amers;
Sous l'aloës, l'acanthe et les lauriers sauvages
De tes vieux monuments il cache les outrages,
Et semble avec des fleurs, des rameaux toujours verts,
Rajeunir leurs débris mutilés par les âges.
Il t'a prodigué tout : fruits sans culture éclos.
Et printemps éternel, et parfums, et lumière :
Comment de ton soleil ne serais-tu pas fière,
Comme tu l'es de ton héros?

A toi, veuve du Cid, à toi, sœur de la France,
La fleur que j'ai cueillie au jardin de Valence!

Mais il est un soleil plus beau
Dont la nuit ne peut plus envahir le domaine :
Sur un peuple affranchi qu'il arrache au tombeau,
Il fait fleurir des lois l'équité souveraine,
Fait germer les vertus aux feux de son flambeau,
Et mûrit les moissons de la pensée humaine.
Ce soleil que tes fils ont vu poindre pour eux,
Ce radieux géant qui doit grandir encore,
Il sort pur des vapeurs d'une sanglante aurore;
C'est de la Liberté le soleil généreux.
Ah! n'en ternis jamais la splendeur tutélaire!
Pour les mûrir, tes droits, pour te les conserver,
Que l'astre, à son midi, pur comme à son lever,
Ne brûle pas tes yeux du jour qui les éclaire.

Te voilà sans tyrans, reste aussi sans bourreaux,
Le front ceint des rayons d'une double lumière ;
Et de tes deux soleils, veuve du Cid, sois fière,
Comme tu l'es de ton héros.

Espagne, à toi ces vœux ! à toi, sœur de la France,
La fleur que j'ai cueillie au jardin de Valence !

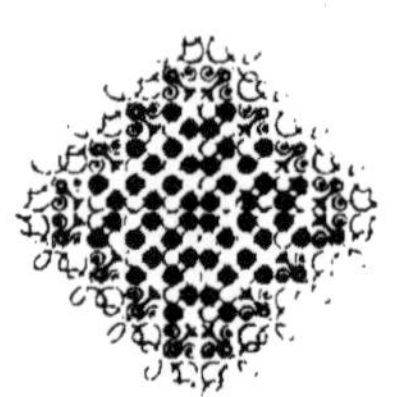

LA

FILLE DU CID,

TRAGÉDIE EN TROIS ACTES.

PERSONNAGES.	ACTEURS.
LE CID.	MM. GUYON.
ALVAR FANÈS DE MINAYA.	DARCOURT.
RODRIGUE, SON FILS.	MONTDIDIER.
BEN-SAID, MAURE.	CRETTE.
L'ÉVÊQUE DE VALENCE.	BEAULIEU.
ELVIRE, FILLE DU CID.	Mlle ÉMILIE GUYON.

CHEVALIERS ESPAGNOLS, MAURES, PEUPLE.

La scène se passe à Valence en 1094.

ACTE PREMIER.

ACTE PREMIER.

UNE SALLE DANS L'ALCAZAR DE VALENCE.

SCÈNE PREMIÈRE.

D'un côté du théâtre, le Cid endormi, le coude appuyé sur une table, où il a déposé son casque et son épée; de l'autre, Rodrigue en costume de novice, occupé à peindre, et près de lui Elvire, travaillant à une broderie.

LE CID, RODRIGUE, ELVIRE.

RODRIGUE.

Elvire!

ELVIRE.

Eh bien?

RODRIGUE, lui montrant le livre qu'il peint.

Voyez.

ELVIRE.

J'admirais.

RODRIGUE.

En silence,
Et sans lever les yeux.

ELVIRE.

Dans les champs de Valence,
Où se heurte au soleil le fer des boucliers,
Quand les turbans païens descendent par milliers,
Chacun, en y rêvant, s'occupe à sa manière :
Vous peignez un missel, je brode une bannière ;
La victoire l'attend.

RODRIGUE.

De mes humbles travaux
Le sort est d'être obscurs.

ELVIRE.

Vous êtes sans rivaux,
Rodrigue, dans votre art.

RODRIGUE.

Le dégoût qu'il me donne
Me le rend odieux, ma sœur ; je l'abandonne.

ELVIRE.

Votre sœur ! pas encore.

RODRIGUE.

Au retour de Fernand ;
Ce retour de mon frère est prochain maintenant.

ELVIRE.

Pour lui hâtez-vous donc d'achever cet ouvrage.

RODRIGUE.

Il n'était pas pour lui ; mais pour vous.

ELVIRE, avec plus d'intérêt.

A votre âge,
Quel talent !

RODRIGUE, vivement.

Vous l'aimez ? Sous ces ornements d'or
Ce livre saint vous plaît ?

ELVIRE.

Le Cid Campéador,
Votre vaillant parrain, mon père, qui sommeille,

N'eût jamais peint, je crois, cette rose vermeille,
Ces fleurs d'azur, ces lis de blancheur éclatants :
Il fut dans un autre art passé maître à vingt ans.

RODRIGUE.

Le Cid ne portait pas cette robe de bure.

ELVIRE.

Non ; son noviciat s'est fait sous une armure :
Le Maure s'en souvient.

RODRIGUE.

Est-ce ma faute, à moi,
Si je passe oublié sur cette terre ?

ELVIRE.

Eh quoi !
Alvar Fanès, le brave, a-t-il pu laisser croître,
Peut-il laisser vieillir son fils au fond d'un cloître ?
Lui, compagnon du Cid !

RODRIGUE.

Aux autels consacré,
De mon partage, enfant, je n'ai pas murmuré :

Mon frère allait mourir ; pour le sauver, ce frère,
A Dieu je fus promis par un vœu de ma mère.

ELVIRE.

Qui vous lie à jamais ?

RODRIGUE.

Pour la première fois.
Vous me le demandez depuis près d'un long mois...

ELVIRE.

Il vous a paru long ?

RODRIGUE.

Que j'ai franchi la grille,
Pour vivre sous le toit du Cid et de sa fille.

ELVIRE.

Bien malgré vous, Rodrigue : il fallut vous forcer
De connaître ce monde avant d'y renoncer.

RODRIGUE.

La règle l'ordonnait.

ELVIRE.

A quoi bon ? forme vaine !
Le vœu de votre mère à jamais vous enchaîne.

RODRIGUE.

Il ne peut m'enchaîner sans mon consentement ;
L'aurait-elle voulu ?

ELVIRE.

Mais cet engagement,
Vous l'acceptez ?

RODRIGUE.

Je doute, et c'est là mon supplice.

ELVIRE.

Quand vous pouvez choisir l'armure ou le cilice,
Vous doutez !... Bien du sang aura coulé ce soir ;
Les glaives sont cruels, et mieux vaut l'encensoir :
Préférez aux éclairs dont leur choc étincelle
Le travail innocent où votre main excelle ;
Il promet de longs jours à qui tient des pinceaux.
Préférez aux combats l'art de guérir nos maux,

Et les sucs bienfaisants qui ferment la blessure
Aux armes qui la font : cette gloire est plus sûre.

RODRIGUE.

Quel dédain !

ELVIRE, se levant pour s'approcher d'une fenêtre entr'ouverte.

Et pourtant ces Maures que voilà
Dressent sous nos palmiers les tentes d'Abdala,
Celles de Ben-Saïd.

RODRIGUE.

Cet Africain superbe,
Devant qui les chrétiens sont tombés comme l'herbe,
Glaive exterminateur à qui tout se soumet,
Et qu'ils ont surnommé la faux de Mahomet.

(Allant vers la fenêtre.)

Ben-Saïd !

ELVIRE.

Restez donc : l'éclat des cimeterres
Vous blesserait les yeux !

RODRIGUE, se tournant vers le Cid.

Brisé par tant de guerres,
Pourra-t-il, le héros, soutenir leur effort?

ELVIRE.

Son œil les a comptés, et regardez : il dort;
Il dort, et peut dormir, car sur nous son nom veille;
Mais malheur aux païens : le lion se réveille!

LE CID.

Qu'est-ce? leur nombre, enfants, vous faisait-il pâlir?

ELVIRE.

Il faudra bien des bras pour les ensevelir :
Un suffit pour les vaincre!

LE CID.

Il l'essaira, ma fille,
Et que Dieu soit en aide au banni de Castille!

RODRIGUE.

Alphonse vous peut-il refuser ses secours?

LE CID.

Sait-on de quel côté souffle le vent des cours ?
Fanès n'est pas un clerc nourri dans vos écoles :
Il prend plus de châteaux qu'il ne dit de paroles.

ELVIRE.

Saura-t-il adoucir le plus ingrat des rois ?

LE CID.

Quand ce roi par l'exil paya trente ans d'exploits,
Qui l'éveillaient la nuit comme autant de fantômes,
Nos adieux, les voici : « Sortez de mes royaumes !
— Desquels, sire? de ceux que j'ai conquis pour vous
Ou de ceux que pour vous j'ai défendus ? — De tous.
— Quand ? - Demain. - Aujourd'hui : sans moi gardez les vôtres;
Je vais dans mon exil vous en conquérir d'autres. »
Cela dit, je souris, et je tournai le dos
En sifflant dans ma barbe un vieil air de Burgos.
Mais j'ai tenu parole.

ELVIRE.

Et si bien qu'à son prince

Chaque pas du banni gagnait une province,
Et qu'en marchant toujours de combats en combats
Vous n'avez jamais pu sortir de ses états?

RODRIGUE.

Mais on vient t'arracher Valence, ta conquête,
Mon père.

LE CID.

Prends pour sûr que je leur tiendrai tête;
Et si, sans le prouver, je perds ici mon temps,
C'est qu'il faut recevoir Ben-Saïd que j'attends.

RODRIGUE.

Lui!

LE CID.

Sur l'ambassadeur je juge l'ambassade :

(Montrant son épée.)

Viens pendre à mon côté ma vieille Tizonade;
C'est mon porte-respect.

ELVIRE, à Rodrigue.

Laissez-moi l'attacher;
Vos saintes mains peut-être ont horreur d'y toucher.

LE CID.

Tu le railles, je crois, mais à tort : le novice
En habile écuyer m'a rendu ce service.

RODRIGUE.

A ses dédains, bon Cid, je suis accoutumé.

LE CID.

Te dédaigner ! qui ? toi ! toi, mon fils bien-aimé !

RODRIGUE.

Mais aimé de vous seul ; mon père même ignore
Où je cache ma vie, et si je vis encore.

LE CID.

Sans l'avoir jamais vu, filleul, tu le connais :
Fanès est un démon vieilli sous le harnais ;
Ce n'est que pour Fernand qu'il se sent des entrailles ;
Ta robe lui plaît moins que sa cotte de mailles.

RODRIGUE.

Et je serais sans vous orphelin ici-bas.

LE CID.

Pourtant ce fils aîné qui le suit aux combats,
Tu le vaux par le cœur : Elvire, quand la peste
De ce peuple expirant me disputait le reste,
Loin des monts catalans où ses pères en Dieu,
Que j'excuse, après tout, priaient dans le saint lieu,
Et, sans nous secourir, prosternés sur les dalles,
Sentaient l'âge et la peur alourdir leurs sandales,
Il les devança, lui ! comme un pauvre ramier
Qui défîrait un aigle, il vola le premier,
Ce pieux déserteur, si doux dans son audace,
Droit au mal que son art venait combattre en face,
Sans pâleur, quand le Cid pâlissait...

ELVIRE.

De pitié !

LE CID.

Qui sait ? le plus hardi n'est brave qu'à moitié,
Devant un ennemi dont le bras vous terrasse,
Sans qu'on puisse opposer ni casque ni cuirasse.
Guerroyant loin de nous, pourquoi Fanès alors
N'a-t-il pas vu son fils affronter corps à corps

Et des maux sans remède et des périls sans nombre,
A toute heure et partout : la nuit, creusant dans l'ombre
Une fosse au cadavre, et, le jour, respirant
Sur les restes d'un mort l'haleine d'un mourant ?
Tu l'admirais toi-même.

RODRIGUE.

Est-il vrai ?

ELVIRE.

Je l'avoue.

LE CID.

Les yeux brillants de pleurs, la rougeur sur la joue,
Que de fois tu m'as dit : « Il m'apprend, l'orphelin,
» Que le cœur d'un héros peut battre sous le lin ! »

RODRIGUE.

Vous, pour qui rien n'est beau que la gloire des armes,
Vous Elvire ! et vos yeux trouvaient pour moi des larmes!

ELVIRE.

Il était généreux de s'exposer ainsi ;
Mais les femmes, Rodrigue, ont ce courage aussi.

RODRIGUE.

Vous l'aviez.

LE CID.

A seize ans. Quel est donc le courage
Que ma fille n'a point? Mais, contre ton usage,
Elvire, que d'éclat! Voici les diamants
Qui furent la rançon des cinq rois musulmans
Qu'un premier coup d'épée a faits mes tributaires.
C'est ta dot; car mon maître a confisqué mes terres,
Mon beau fief de Bivar; et moi, les cent châteaux,
Le butin, les trésors, prix de mes longs travaux,
Tout, j'ai chargé Fanès d'offrir tout à mon maître.

ELVIRE.

Vous, l'arrogant vassal, le révolté, le traître!

RODRIGUE.

Vous, son fidèle ami, mais non pas son flatteur.

LE CID.

Triste ami pour un roi qu'un sujet bienfaiteur!

ELVIRE.

Celui qui va venir doit voir cette parure.

RODRIGUE.

Qui? Fernand?

ELVIRE.

Ben-Saïd; comme un sinistre augure
Du sort qui le menace.

LE CID.

Héroïque fierté!
Les joyaux des captifs vont bien à ta beauté,
Et je redeviens jeune en voyant dans sa gloire
Rayonner sur ton front ma première victoire.
Ta mère les portait, quand, belle comme toi,
Mais quelque peu moins fière, elle reçut ma foi.
Et le marbre la couvre!.. Où sont ces nuits, Chimène,
Dont les brises tout bas t'allaient conter ma peine?
Que je souffrais alors et que j'étais heureux!
O chagrins qu'on maudit, désespoirs amoureux,
Le cœur que vous fuyez ne sait plus où se prendre...

(A Elvire.) (A Rodrigue.)

Mais je t'afflige; et toi, tu ne peux me comprendre,
Toi qui n'aimes que Dieu. Laissons-là mes beaux jours;
Doit-on en cheveux blancs parler de ses amours?

ELVIRE.

O ma mère!

LE CID.

Quel bruit?

RODRIGUE, qui regarde par la fenêtre.

Ce fier Almoravide,
L'ambassadeur s'avance, et tout un peuple avide,
Accouru pour le voir, le suit avec stupeur.

ELVIRE.

La faux de Mahomet aux enfants a fait peur.

LE CID, à son épée.

Tu vas la voir de près, ma fidèle compagne,
Patience! et dans peu nous rentrons en campagne,
Puisque les Sarrazins ont juré que jamais
Ton vieux maître ni toi ne dormirez en paix.

SCÈNE DEUXIÈME.

LE CID, RODRIGUE, ELVIRE, BEN-SAID;
MAURES, PEUPLE.

BEN-SAÏD, après avoir regardé quelques moments le Cid sans parler.

A la fin, noble Cid, nous voilà face à face!
J'ai traversé les mers, les monts, et dans l'espace
J'ai semé par milliers les trépas entre nous
Pour t'apprendre mon nom et t'en rendre jaloux;
En troubler ton sommeil est l'honneur qui me tente;
Le tien m'a si souvent réveillé sous ma tente!

LE CID.

Je fais ce que je puis, Maure, et ferme les yeux,
Sans m'informer, le soir, si quelque autre a fait mieux;
Pas même toi : partout pour brave on te renomme;
Mais il reste toujours, si grand que soit un homme,
Gloire pour tous au champ, comme place au soleil,
Et jamais aucun nom n'a troublé mon sommeil.

BEN-SAÏD.

Tu le dis : je te crois ; mais ta réponse est fière,
Quand les vents jusqu'à vous apportent la poussière
Que chassent devant eux nos épais bataillons ;
Quand vingt rois sur ce bord plantent leurs pavillons.
S'il eût commandé seul ces tribus innombrables
Comme les feux du ciel et les grains de vos sables,
Ben-Saïd, à traiter ne s'avilissant point,
T'aurait redemandé, son cimeterre au poing,
Le sang dont Tizonade, en frappant, s'est trempée...
Car on sait aux déserts le nom de ton épée,
Et ce Babieça qui sous toi fend les airs,
On le cite en exemple aux coursiers des déserts.
J'eusse écrasé les tiens ; je hais toute ta race,
Hors toi seul ; ta clémence égale ton audace.
Ils m'ont porté, les tiens, deux coups si douloureux,
Qu'au hasard d'y périr, de mes griefs contre eux
J'aurais déjà cherché jusque dans tes murailles
La réparation au fond de leurs entrailles.
Devant les yeux d'Alla fut-il courroux plus saint ?
Mais homme qui se venge et femme qui se plaint !
Je ferai mon devoir ; bien qu'un pareil message
Dût le froisser, ce cœur où saigne mon outrage.

Bien que de ma vengeance il dût briser l'espoir,
J'ai voulu m'en charger.

LE CID.

Pourquoi donc?

BEN-SAÏD.

Pour te voir.
Écoute; mais d'abord regarde cette plaine;
Nous serons cent contre un : est-il vaillance humaine
Qui puisse te sauver si tu n'es secouru?
Et de tes alliés pas un seul n'a paru;
Dans l'infant d'Aragon en vain ton cœur espère :
Il ne sait que pleurer; car j'ai tué son père.
En vain dans la Navarre : orpheline par moi,
La Navarre est sans chef; car j'ai tué son roi.
Que te reste-t-il donc? la Castille; elle est brave;
Alphonse est brave aussi; mais il te veut esclave;
Tu refuses de l'être, il te trahira.

LE CID.

Non.
Sors d'ici, Ben-Saïd, ou respecte son nom!

BEN-SAÏD, lui présentant une lettre.

Cet écrit teint du sang d'un messager fidèle,
Il vient de la Castille, et répondra pour elle.

LE CID, à Rodrigue, après avoir jeté les yeux sur la lettre.

C'est de ton père ; lis.

RODRIGUE.

De mon père, et je vois
Ces caractères saints pour la première fois !

LE CID.

Lis.

RODRIGUE, lisant.

« Quand devant son trône il m'a vu paraître :
» Que veut un ingrat? m'a crié ton maître.
» J'ai dit : Cet ingrat vous offre aujourd'hui
» Les forts et châteaux conquis par sa lance ;
» Il vous offre aussi les clefs de Valence,
» Où mille dangers vont fondre sur lui.
» S'il les brave seul, l'ingrat, c'est vous, sire ;

» Nul n'a fait assez pour vous l'oser dire ;
» Le Cid l'aurait pu ; partant je le puis :
» Où le Cid n'est pas, c'est moi qui le suis. »

LE CID.

Il l'est en effet.

RODRIGUE.

« Je ne sais quel duc pendant l'ambassade
» Murmurait ton nom d'un air de bravade.
» Pour lui faire au cœur rentrer son dédain,
» J'enfonçai du poing, à double reprise,
» Mon casque d'acier sur ma tête grise.
» Et je dis tout haut à ce baladin :
» Qui parle du Cid se taise, ou demeure
» Pour bien averti que je veux sur l'heure
» Châtier sa langue, et que je le puis :
» Où le Cid n'est pas, c'est moi qui le suis. »

BEN-SAÏD.

Voilà comme on t'offense !

ELVIRE.

Et contre l'offenseur comme on prend sa défense !

LE CID, à Rodrigue.

Poursuis.

RODRIGUE.

« N'attends rien du roi, que Dieu lui pardonne !
» Quant à moi, jamais, puisqu'il t'abandonne.
» Mais, avec mon fils et quelques vaillants,
» Je pars au galop quand le jour va poindre... »

RODRIGUE, à part en s'interrompant.

Fernand revient !

ELVIRE, prenant la lettre dans sa main.

Donnez.

(Elle lit.)

« Mais avec mon fils et quelques vaillants
» Je pars au galop quand le jour va poindre.
» Fanès te joindra, dût-il, pour te joindre,
» Offrir sa poitrine à mille assaillants.
» Sur leurs corps à tous je passe, et ramène
» Comme toi jadis aux pieds de Chimène,
» Deux rois, mon vieux Cid, et cinq si je puis :
» Où le Cid n'est pas, c'est moi qui le suis. »

LE CID, à Ben-Saïd.

Je te promets
Que, puisqu'il me l'affirme, il le fera.

BEN-SAÏD.

Jamais!
Cid, ma tribu, Murcie, et Grenade et Séville,
D'un cercle étincelant environnent ta ville.
De ce côté, le fer! le fer de ce côté!
De tous, la mort!... je viens t'offrir la royauté.
Maître du beau pays qu'enferment ces montagnes,
Vois fleurir sous ta loi le jardin des Espagnes;
Règne : cet Abdala dont je suis l'envoyé
T'aime encore mieux debout que par lui foudroyé,
Au prix dont tes exploits lui vendraient ta défaite;
Règne, et garde la part que ta vertu t'a faite.
En protégeant le tien, tu nous as convaincus
Que tu sais respecter le culte des vaincus.
Règne, mais affranchi d'un honteux vasselage :
A ton Dieu seul ta foi, comme à lui ton hommage!
Ton alliance à nous! c'est l'acheter pour rien
Que payer d'un royaume un bras tel que le tien.

LE CID, à Elvire.

C'est à toi de répondre : un jour tu seras reine;
Infante, qu'en dis-tu?

ELVIRE.

Que je comprends à peine
Qu'on vous puisse engager à salir deux blasons,
Nobles entre tous ceux des plus nobles maisons.
Moi, reine? je le suis :

(Montrant les diamants.)

Voilà mon diadème.
Encor faible, il l'a pris à plus fort que toi-même.
Mes sujets sont tous ceux qui l'admirent; partant
Ma royauté va loin, jusqu'où son nom s'étend.
Le titre offert par vous ferait tache à sa gloire;
S'il ne le dédaignait, Ben-Saïd, tu peux croire
Qu'il s'en fût couronné sans le congé d'autrui.
C'est ce qu'il m'autorise à répondre pour lui,
Pour l'honneur offensé de ma double famille,
Pour Gormas et Laignez, moi, la petite-fille
Du Gormas dont le bras vous a vingt fois défaits,
De ce Diègue Laignez, qui par mille hauts-faits,

Maure, fut dans son temps l'épouvante du Maure,
Moi, la fille du Cid qui les surpasse encore,
Qui compte à soixante ans plus d'exploits que de jours,
Qui vous a tant vaincus et vous vaincra toujours.

LE CID.

Tu l'entends, Ben-Saïd.

RODRIGUE, à part.

Ah! la vierge immortelle,
Que j'invoque à genoux, je la rêve moins belle!

BEN-SAÏD.

Le plus fier Africain quelquefois soupira
Aux pieds des cent beautés qui peuplent l'Alhambra;
Mais en les adorant nous ne descendons guère
Jusqu'à les consulter sur la paix ou la guerre.
L'avis de nos imans a pour nous plus de poids,
Et le tien, que j'ai vu, te parle par ma voix.
L'injustice du prince absout le gentilhomme,
Et ton pieux iman, qu'on révère et qu'on nomme
Le flambeau de la foi dont tu fus le soutien,
L'évêque de Valence absoudra le chrétien.

LE CID.

Maure, quand il s'agit d'être loyal ou traître,
Je ne consulte femme, ambassadeur ni prêtre.
Mon évêque est mon juge en son saint tribunal,
Et vous savez, vous tous, si, quand j'ai fait le mal,
J'humilie assez bas le pécheur dans la poudre
Sous les doigts que ce juge a levés pour m'absoudre,
Et si mon Rédempteur voit chrétien plus fervent
De sa table céleste approcher plus souvent;
Mais l'intérêt d'état, c'est moi seul qu'il regarde :
Non l'église; et ce fer dont je touche la garde
Au pape l'a prouvé, quand du trône romain
Sur mes droits d'Espagnol il allongea la main.
La guerre! je la veux; la victoire, j'y compte :
Mon prélat m'absoudrait, si j'acceptais ma honte,
Mais des doigts seulement; il m'absoudra du cœur,
Quand je l'aurai sauvé, si je reviens vainqueur.

BEN-SAÏD.

La guerre donc! Fidèle à celui qui m'envoie,
J'ai fait tout pour la paix qui m'arrachait ma proie;
La guerre me la rend : vos remparts vont crouler,

Et le sang des chrétiens comme l'eau va couler.
Que sur sa croix brisée à mes pieds leur Dieu tombe!
Je veux que leur conquête aujourd'hui soit leur tombe.
Quant à Fanès, je cours au-devant de ses pas,
Et j'affirme à mon tour qu'il ne reviendra pas.

LE CID.

Nous verrons qui de vous tient le mieux sa parole.

BEN-SAÏD.

Mais avant qu'il m'abatte ou que ce fer l'immole,
Un mot encor ! Sois juste : accusés de complots,
Quelques Maures ici pleurent dans vos cachots ;
Aucun d'eux avec nous n'était d'intelligence :
Délivre-les.

LE CID.

Peux-tu prouver leur innocence ?

BEN-SAÏD.

Je puis par Mahomet l'attester devant toi.

LE CID.

Par l'honneur, Ben-Saïd ?

BEN-SAÏD.

Par l'honneur !

LE CID.

Je te crois :
Ils reverront le ciel.

BEN-SAÏD.

Pour prix de ta justice,
S'il est jamais en moi de te rendre un service,
Parle et je t'entendrai, fais un signe et j'accours ;
Mais l'œuvre qui m'attend n'admet plus les discours;
Je te quitte... Ta main, seul chrétien que j'admire !
A ceux de ma tribu je serai fier de dire
Que j'ai touché ta main.

LE CID.

La voilà !

BEN-SAÏD.

Cet adieu,
C'est le dernier peut-être : en défendant son Dieu,
Un de nous dans la tombe aujourd'hui peut descendre.

LE CID.

Alors, paix à ton ame !

BEN-SAÏD.

Et toi, paix à ta cendre !

Au revoir !

LE CID.

Au revoir !

SCÈNE TROISIÈME.

LE CID, ELVIRE, RODRIGUE, PEUPLE.

LE CID, au peuple qui s'agenouille devant lui.

Espagnols, levez-vous !
Par le Christ et les saints ! je vous sauverai tous.
Si vous avez du cœur, jeunes gens, leurs richesses
Seront votre butin pour parer vos maîtresses.
Vieillards, en les armant, racontez à vos fils
Les prouesses d'honneur que vous faisiez jadis.
Éveillez dans leur sein le démon des batailles,
Femmes ; ils reviendront. Vous, enfants, aux murailles
Si je vous vois courir, votre fronde à la main,
Avec ces turbans-là vous vous joûrez demain ;
J'en jure Dieu !

(A un vieillard qui porte un coffre sous son bras.)

C'est toi ! dépose ici ton gage ;

(Lui indiquant une pièce voisine.)

Et va m'attendre, juif !

(Au peuple.)

Trois heures de courage :

Nous les battrons. Allez !

SCÈNE QUATRIÈME.

LE CID, ELVIRE, RODRIGUE.

LE CID, qui revient en rêvant.

Il est trop vrai, c'est lui;
J'y comptais : les dix ans expirent aujourd'hui.

RODRIGUE, avec douleur, à part.

Fernand revient !

ELVIRE, au Cid.

Pardon si je suis indiscrète;
Mais qu'avez-vous ?

LE CID.

Forcé d'acquitter une dette

Qu'au château de Bivar je contractai jadis,
Je n'ai pas pour le faire un seul maravédis.

RODRIGUE.

Ma mère en expirant m'a laissé peu de chose;
Ce peu qui m'appartient, que le Cid en dispose.

LE CID.

Grand merci, cher filleul! mais quand j'accepterais,
Comment payer ma dette et dix ans d'intérêts?
Le bon juif a laissé s'accumuler la somme.

ELVIRE.

Vous pouvez d'un seul mot faire trembler cet homme.

LE CID.

J'ai toujours observé qu'avec son air si doux,
Leur sexe à la rigueur incline plus que nous.
Oui, je lui peux d'un mot mettre la mort dans l'ame;
Mais je ne le veux pas : c'est son bien qu'il réclame.
Le bien même d'un juif doit être respecté;
Pièce à pièce par lui quand son or est compté,
Il rêve en le prêtant aux sueurs qu'il lui coûte,

Et c'est son propre sang qu'il compte goutte à goutte.

(Montrant le coffre.)

Ce garant de ma foi d'ailleurs lui fut donné.

ELVIRE.

Qu'il lui soit en paiment par vous abandonné.

LE CID.

Je le plaindrais.

ELVIRE.

D'où vient?

LE CID.

C'est une vieille histoire,
Que je veux vous conter; mais bien bas, pour ma gloire.
« A nous, Campéador!... » m'avait écrit le roi,
« Voici les Sarrazins. » Pas un réal chez moi
Pour équiper ma bande et la conduire en plaine!
Alors de mon manoir la douce châtelaine,
Qui voyait mon souci, te mit sur mes genoux;
Me quitta; puis revint en m'offrant ses bijoux.
Je crois l'entendre encor: « Tiens, mon Cid, va les vendre;
» Le Sarrazin, dit-elle, est là pour me les rendre. »

A quoi je répondis : « Chimène, mes amours,
» Il te rendra ton bien avant qu'il soit dix jours. »
J'emportais les brillants; mais est-il femme ou fille
Qui se puisse tenir d'admirer ce qui brille?
Non : les vouloir, les prendre, et ne plus les lâcher,
C'est ce que fit Elvire; et j'eus beau me fâcher,
Dans son courroux d'enfant qui la rendait plus belle,
Tenant toujours sa proie, elle osa, la rebelle,
Lever, pour se défendre, en lionne qu'elle est,
Ses deux petits poings nus contre mon gantelet.

RODRIGUE, *vivement.*

Vous l'avez ôté, Cid?

LE CID.

Oui, mais je fis en sorte,
Elvire, que ta main ne fût pas la plus forte.
Tu te pris à pleurer, et, tout gonflés, tes yeux
Faisaient à ce trésor de si tristes adieux,
Que je sentis mon cœur s'amollir de tendresse;
La pitié l'emporta. Jamais, c'est ma faiblesse,
Aux larmes d'un enfant je n'ai su résister;
Et je dis à Chimène : il faut la contenter.

Qui sourit? ce fut toi : j'avais mis bas les armes;
Sourire plus charmant, lorsqu'il fit sous tes larmes
Rayonner de plaisir ton visage vermeil,
Qu'à travers une pluie un éclair de soleil!
Et folle, et radieuse, ivre de ta victoire,
Tu vins du bout des doigts tirer ma barbe noire,
Toi qui tremblais alors, peureuse, en la baisant;
Mais tu n'en as plus peur : elle est blanche à présent.

ELVIRE.

O bonté!

LE CID.

Qu'on soit faible, on est bientôt coupable :
Ce coffre, va l'ouvrir.

(Il lui donne la clé.)

ELVIRE, qui l'a ouvert.

Quoi? du sable!

LE CID.

Oui, du sable;
Car ma Chimène et moi nous l'en avions rempli
Quand je fis à ma table asseoir le juif Éli,

Et l'ayant bien traité, je dis d'une voix ferme :
« Éli, pèse ce coffre, et sur ce qu'il renferme,
» Vois si tu veux prêter trois mille pièces d'or?
» — En l'ouvrant, dit le juif, je verrai mieux encor.
» — Non ; et par Salomon, quand tu l'auras pour gage,
» A ne l'ouvrir jamais ta loyauté s'engage.
» Dans un an, ou dans dix, tu le rapporteras,
» Et pour les intérêts prends ce que tu voudras :
» Je paîrai. »

RODRIGUE.

Que fit-il?

LE CID.

Soit peur, soit confiance,
Il prêta sur ce gage.

ELVIRE.

Avec pleine assurance :
L'or de votre parole était dedans.

LE CID.

Très bien!
Mais cet or désormais est pour lui moins que rien.

Sa somme, il la voudra, s'il craint qu'un coup de lance
Avec son débiteur n'emporte sa créance.
Eh bien! devant ce juif me vois-tu confessant,
Moi, chrétien, gentilhomme, un mensonge innocent,
Dont je n'ai pas rougi dans un moment d'alarme.
Mais un mensonge enfin, j'aimerais mieux sans arme,
Les rênes dans les dents, me jeter à travers
Les plus fiers Grenadins dont nos champs sont couverts,
Les Maures les plus noirs de la Mauritanie,
Que boire le dégoût d'une telle avanie.

ELVIRE.

J'ai fait le mal, mon père, et le veux réparer.

LE CID.

Tu le pourrais!

ELVIRE.

De lui je vais vous délivrer,
En femme que je suis, et sans rigueur aucune;
Quoi que vous en disiez.

LE CID.

Tu me gardes rancune
Pour un mot que j'ai dit.

ELVIRE.

Je cours vous le prouver
En bravant un péril que vous n'osez braver.
Eût-il un cœur de marbre, il deviendra sensible.
C'est moi qui renverrai cet ennemi terrible,
Puisque le Cid le craint, et je me fie à vous
Du soin de balayer ceux que nous craignons tous.

LE CID.

Va donc; je m'abandonne, Elvire, à ta prudence.

SCÈNE CINQUIÈME.

LE CID, RODRIGUE.

LE CID, qui la suit des yeux.

Comme sa digne mère elle est ma providence.

(A Rodrigue.)

Mais je tarde à remplir un devoir important,
Ma foi, que Ben-Saïd a reçue en partant,
Je vais la dégager.

RODRIGUE.

Un seul mot !

LE CID.

Je t'écoute.

RODRIGUE.

Pardonnez, ô mon père, un adieu qui me coûte.

LE CID.

Tu veux nous fuir?

RODRIGUE.

Ce monde est pour moi sans appas;
Quand j'y voudrais rester, je ne le pourrais pas:
J'y serais méconnu...

LE CID.

Toi!

RODRIGUE.

Méprisé peut-être.

LE CID.

Eh! de qui donc?

RODRIGUE.

Du Cid je ne crains pas de l'être:

Il n'importe : ce monde où m'attend le mépris,
Je ne le puis comprendre et n'y suis pas compris.
Pas même de ma sœur.

LE CID.

Ton reproche m'étonne.

RODRIGUE.

Je ne l'accuse pas ; je n'accuse personne.
Moi seul j'y suis de trop, qui, consumé d'ennui,
Serais, sans qu'on m'aimât, tout amour pour autrui.
J'y renonce, mon cœur s'était fait violence ;
Mais il succombe au mal qu'il dévore en silence.

LE CID.

Quel est-il ?

RODRIGUE.

Le besoin de revoir cette croix,
D'où le Dieu qui m'attend m'a béni tant de fois,
Et de m'agenouiller sous la nef solitaire,
Où l'on n'entend plus rien des vains bruits de la terre.

LE CID.

Lorsque ton père approche et qu'il va t'embrasser.

RODRIGUE.

Hélas! j'ai peur de lui.

LE CID.

Fanès te repousser!
Il ne le ferait pas.

RODRIGUE.

Mon unique espérance
Serait donc qu'il me vît avec indifférence.
C'est un supplice encor.

LE CID.

Pense à ton frère.

RODRIGUE.

Oh! lui.
Un si charmant espoir pour ses regards a lui,
Qu'enivré de sa joie il n'a qu'une pensée,
C'est de revoir ici sa noble fiancée...
Car leurs nœuds de bien près vont suivre son retour!

LE CID.

Sitôt que les combats le rendront à l'amour.

RODRIGUE.

Pour moi dans ce cœur plein reste-t-il une place ?
Non ; le présent m'accable et l'avenir me glace :
Je veux partir.

LE CID.

La route est libre au bord des mers.
Mais le cloître, mon fils, a des jours bien amers :
C'est avec désespoir qu'on entend sonner l'heure
Où, jeune, on rejeta ce que plus tard on pleure,
Et qu'on les sent, ces vœux si légers autrefois,
Retomber sur un cœur qu'ils brisent de leurs poids.
Au temps où j'habitai Saint-Pierre de Cardène,
Plus d'un moine, saisi d'une douleur soudaine,
Au doux aspect des champs, des bois lointains, des eaux,
Murmura : Si j'avais les ailes des oiseaux !...
Sans leur faire expliquer ce qu'ils n'osaient pas dire,
Avec eux tristement j'échangeais un sourire.
Crois donc un vieux soldat, mauvais clerc, moins savant
Sur les choses du ciel qu'on ne l'est au couvent,
Mais qui sait mieux le monde, et voit avec tristesse
Que des vœux imprudents enchaînent ta jeunesse.

RODRIGUE.

Si je reste, je meurs.

LE CID.

Va donc, cher exilé,
Dans cette arche de paix d'où tu t'es envolé ;
Nous nous y reverrons.

RODRIGUE.

C'est tout ce que j'espère :
Hors vous, qui donc viendrait?

SCÈNE SIXIÈME.

LE CID, RODRIGUE, ELVIRE.

ELVIRE.

Il est parti, mon père.

LE CID.

Comment l'as-tu séduit? par quel charme... mais quoi!...
Ton front sans ornements m'a répondu pour toi.
Elvire, qu'as-tu fait?

ELVIRE.

La reine de Valence
A donné sa couronne.

LE CID.

Enfant, quelle imprudence!

J'aurais dû le prévoir, et c'est ma faute.

RODRIGUE.

Eh bien!
Je l'avais prévu moi.

LE CID.

Tu n'avais que ce bien;
Que te restera-t-il pour ressource dernière,
Si ces damnés païens abattent ma bannière,
Et, contre tous enfin ne pouvant lutter seul,
Si je suis vaincu?

ELVIRE.

Vous!

LE CID.

Si je meurs?

ELVIRE.

Un linceul;
C'est assez.

LE CID.

Tes regards, tes paroles de flamme

A qui n'en aurait pas pourraient donner une ame,
Rendraient le plus timide incapable d'effroi.
Viens donc, viens dans mes bras, fille digne de moi,
Digne de tes aïeux, mais la plus pauvre fille
Du plus pauvre hidalgo de toute la Castille.

ELVIRE.

Du plus noble.

LE CID.

En amis faites-vous vos adieux :
Par des vœux éternels il va s'ouvrir les cieux.

ELVIRE.

Lui !

LE CID.

Loin de son couvent sa vie est un supplice.
Nous irons assister, Elvire, au sacrifice :
Vers Dieu, je veux pour lui tendre, en le bénissant,
Ces mains que la victoire aura teintes de sang.

(A Rodrigue.)

Je reviens t'embrasser.

SCÈNE SEPTIÈME.

ELVIRE, RODRIGUE.

RODRIGUE.

Et vous irez, Elvire ?

ELVIRE.

C'est aux célestes biens qu'enfin votre ame aspire ;
Et, quittés comme nous, dont je ne parle pas,
Ces bords n'ont point d'attraits qui retiennent vos pas.
Eh quoi ! sans qu'à la fuir votre vertu balance,
Vous avez habité notre belle Valence !
Vous avez, au doux bruit des eaux de son jardin,
A l'enivrant parfum que son printemps sans fin
Exhale vers le ciel qui de fleurs la décore,
Rêvé la liberté plus enivrante encore ;

Vous l'avez respirée, et le cloître est vainqueur.
Sublime effort, Rodrigue! on doit s'unir du cœur
Au saint plaisir qu'en vous un tel triomphe excite :
Allez; il vous honore, et je vous félicite.

RODRIGUE.

Je subis mon arrêt. La gloire au fils aîné;
La gloire et le bonheur : il vous est destiné :
L'ombre du cloître à l'autre!

ELVIRE.

Humilité profonde,
Que je respecte!... adieu!

RODRIGUE.

Je le sens, dans ce monde
Je ne vous verrai plus.

ELVIRE.

Ce n'est pas moi qui pars.
C'est vous; et quand la guerre entoure nos remparts.
Le jour est bien choisi. Du moins, pour nous défendre.
Fernand nous restera.

RODRIGUE.

Puisse Dieu vous le rendre,
Ce Fernand qui vous aime et que vous aimez tant !
Puisse-t-il aux périls échapper en portant
La chaîne qu'à son cou je suspendis moi-même,
Et que bénit la main du pontife suprême :
Qu'il vive ; l'avenir lui garde un sort si doux !
Moi, je pars ; quelquefois pensez que, loin de vous,
Souffre un pauvre être obscur courbé dans la poussière,
Et qui vers Dieu pour vous élève sa prière.

ELVIRE.

Prier le Dieu qui sauve et rend victorieux,
C'est défendre en effet Valence auprès des cieux,
Et rester pur du sang versé pour sa querelle.
Notre sexe, Rodrigue, aura le même zèle ;
Il vous imitera dans ce devoir chrétien ;
Il prira comme vous ; car prier nous sied bien,
A nous, humbles de cœur et faibles que nous sommes ;
Et j'ai vu toutefois s'agenouiller des hommes ;
Un guerrier prie aussi, mais de fer revêtu,
Mais quand il va combattre ou qu'il a combattu.

RODRIGUE.

Eh ! que pourrais-je ici, moi, pour votre défense,
Moi, dans l'horreur du meurtre élevé dès l'enfance,
Et qui souffre à penser que tant de malheureux
Vont pour un nom, du bruit, se déchirer entr'eux ?

ELVIRE.

Pour la gloire !

RODRIGUE.

Comment me serait-elle chère ?
A qui l'offrir ? d'ailleurs, éclipsé par mon frère,
Je serais le dernier de ceux qui combattront.
J'aime mieux dans un cloître aller cacher mon front.
Que deviendrais-je ici ?

ELVIRE.

Sans que je me fatigue
A vanter un Laignez qui se nomme Rodrigue,
Rodrigue comme vous, je dirai seulement
Qu'il devint des guerriers l'honneur en un moment.

RODRIGUE.

Ah ! je l'admire, lui ; c'était là de la gloire !...

Pourquoi m'en accabler ?

ELVIRE.

Roulant dans sa mémoire
L'insulte du Gormas, voyez-vous ce vieillard ?
Il n'a pour ses amis parole ni regard ;
De peur de les flétrir, sa honte, il la dévore ;
Car d'un déshonoré l'haleine déshonore.
Don Diégue attend son fils qui cherche l'offenseur,
Et les mets qu'on lui sert sont pour lui sans douceur ;
Il n'y saurait toucher ; morne son front se penche,
Et de longs pleurs muets mouillent sa barbe blanche.
Il pleurait, le vieillard, et tant qu'il ne vit pas
Rodrigue qui rentrant, le fer nu sous le bras,
Les bras sur sa poitrine, à trois pas de la table,
Contemplait sans parler sa face vénérable.
Rodrigue approche enfin, s'incline, et d'un air doux
Mais fier, où le respect remplaçait le courroux,
Il prend sa main et dit : « Mangez, mon noble père.
» —Moi, mon fils !—Relevez ce front que je révère.
» —Le puis-je?—Oui.—Que dis-tu?—Que nous sommes vengés.
» —Il est donc puni ?—Mort : ô mon père, mangez. »
Moine, qu'aurait-il fait? mains jointes sous la bure,
Moine, il eût prié Dieu de pardonner l'injure.

RODRIGUE.

Digne fils d'un tel père, il aurait déchiré,
Pour faire ce qu'il fit, son vêtement sacré.
Mais un père à mon bras a-t-il remis sa cause?
Suis-je l'heureux soutien où son espoir repose?
Ai-je un père? Mon ame, où vous avez régné,
S'ouvrait pour une sœur, et j'en fus dédaigné.
Eh bien! sous ses dédains mon âme s'est flétrie.
N'ayant père ni sœur, je n'ai point de patrie;
Rien pour elle! son sein devant moi s'est fermé;
Non, rien; point de patrie à qui n'est pas aimé!

ELVIRE.

Vous vous faites outrage et vous en avez une,
Et ce cœur aime en fils notre mère commune;
Il vit, il bat pour elle; en vain vous le niez:
Car il est bon ce cœur que vous calomniez;
Il est grand; il s'émeut à cette voix chérie,
Et souffre tous les maux que souffre la patrie.
Ne l'entendez-vous pas se plaindre dans les vents
Où de leur étendard flottent les crins mouvants?
Ne la voyez-vous pas tressaillir à la place
Qui d'un pied sarrazin garde à regret la trace?

Oui, vous voulez combattre, et vaincre, et la sauver ;
Mais quand ce bras pour elle est prêt à se lever,
Un pouvoir inconnu que je ne puis comprendre
Vous pousse à la trahir au lieu de la défendre.

RODRIGUE.

Mais que voulez-vous donc, vous qui me méprisez ?
M'arracher mon secret ? quoi ! ma sœur, vous l'osez !
Non pas ma sœur ; ce titre et me pèse et m'irrite ;
Il fait trembler mon corps du frisson qui m'agite ;
Il trouble ma raison ; sais-je en vous le donnant
Si je chéris encore ou déteste Fernand ?
Je vois entre nous deux un être pur, un ange,
Mais fier, mais indigné, qui me hait, qui se venge.
Eh ! de quoi donc, grand Dieu ? d'être aimé de si bas.
Il m'obsède, il consume en impuissants combats
Ma force qui s'éteint, ma vertu qui se lasse,
Et rend mortel pour moi l'air où son souffle passe.
Son nom, si je restais, m'échapperait ici
En m'écrasant de honte, Elvire, et vous aussi.
Sauvez-moi ; laissez-moi le lien qui m'arrête ;
Pour vous comme Fernand, si j'exposais ma tête,
Je voudrais ce qu'il veut ; ce qu'il est je le suis.
Que dis-je ? Il est aimé ; voilà pourquoi je fuis ;

Ce que je crains, c'est moi; pour la mort, je l'appelle ;
Près de vous, loin de vous, je n'ai d'espoir qu'en elle;
Mais loin de vous du moins sans honte elle m'attend.
Ah ! qu'elle soit prochaine, et je mourrai content !

ELVIRE.

Obéissez, Rodrigue, à Dieu qui vous entraine ;
Séparons-nous; fuyez.

RODRIGUE.

Chargé de votre haine ;
Et pour toujours !

ELVIRE.

Le Cid !

SCÈNE HUITIÈME.

LE CID, RODRIGUE, ELVIRE, CHEVALIERS,
un d'eux porte une bannière.

LE CID.

Mon casque? il faut partir.
A l'appel des clairons qui vient de retentir,
Creusant du pied le sol, Babieça s'étonne
Et demande où je suis lorsque la charge sonne.

(A tous les chevaliers.)

Au galop! car Fanès est en face de nous.
Pour arriver à lui poussez droit devant vous
Sans relever vos morts, tout d'une haleine; et lâche
Qui s'arrête vivant à moitié de sa tâche!
Me jurez-vous, amis, d'aller jusqu'où j'irai?

LES CHEVALIERS.

Oui, tous.

LE CID.

Me jurez-vous que sanglant, déchiré,
Le dernier qui vivra, plutôt que ma bannière
Devant ces mécréants fasse un pas en arrière,
Sous les pieds des chevaux rendra son âme à Dieu?

LES CHEVALIERS.

Nous le jurons.

LE CID.

Au champ!.. et vous, enfants, adieu!

SCÈNE NEUVIÈME.

LE CID, RODRIGUE, ELVIRE, FANÈS, en désordre, un tronçon d'épée à la main.

LE CID.

Que vois-je? lui Fanès !... ce brave à qui tout cède
Ne laisse pas le temps de courir à son aide.
Viens, mon victorieux, te jeter dans mes bras,
Mais viens donc!

FANÈS.

C'est plus tard que tu m'embrasseras...
Allons le chercher.

LE CID.

Qui?

FANÈS.

Marchons !

LE CID.

Que veux-tu dire ?

FANÈS, *aux chevaliers.*

Comme père aujourd'hui, guerriers, je dois maudire
Ceux que tout Espagnol maudit comme chrétien.

LE CID.

Toi Fanès !

FANÈS.

Dans leurs rangs j'ai laissé mon soutien.

LE CID.

Tu reviens seul ?

FANÈS.

Oui, seul.

LE CID.

Ton fils ?

FANÈS.

A l'avant-garde,
En le brisant, ce fer rougi jusqu'à la garde,
J'ai passé.

LE CID.

Mais ton fils?

FANÈS.

Il était le dernier.

LE CID.

Il est prisonnier?

FANÈS.

Lui!... son corps est prisonnier;
Son âme est libre.

ELVIRE.

O ciel!

RODRIGUE.

Fernand!

LE CID.

Gloire à son ombre !
Gloire et vengeance à tous !

FANÈS.

O fureur ! sous le nombre,
Ils sont tombés vaincus dans les rangs ennemis.

ELVIRE.

Vaincus ! non : las de vaincre, ils s'y sont endormis.

FANÈS.

Noble parole, Elvire !

RODRIGUE, à part.

Ah ! je l'aimais mon frère.

FANÈS.

J'étais trop orgueilleux, ami, d'être son père.
Je te le comparais ; je disais : il ira
Aussi loin que le Cid ; il le surpassera.
Je l'ai cru ; je l'ai dit, et c'était un blasphème ;
Mais pense au fol orgueil qu'inspire un fils qu'on aime.

LE CID.

Le perdre ainsi !

RODRIGUE, à part.

Mes vœux n'ont pu changer son sort,
Et ce collier pour lui fut un présent de mort.

FANÈS.

Mon appui, mon héros, ma race tout entière,
Mon Fernand est là-bas couché dans la poussière.
S'il y reste, eh bien ! moi, j'y veux rester aussi.
Marchons, ou j'irai seul ; ai-je quelque souci
Qu'on accompagne ou non, qu'on laisse ou qu'on rapporte
Fanès de Minaya dont la famille est morte ?
Fanès n'avait qu'un fils, il n'en a plus !

LE CID.

Qui, toi ?

FANÈS.

Je n'en ai plus ; pourtant, je suis maître de moi.
Tiens, vois : j'ai les yeux secs ; à d'autres temps les larmes !
C'est du sang qu'il me faut.

RODRIGUE, s'élançant au milieu de la scène.

Et moi, ce sont des armes !

ELVIRE.

Qu'entends je ?

LE CID.

Qu'as-tu dit?

RODRIGUE.

Que je reprends mon nom.
Devenu le dernier de ma noble maison,
Je viens revendiquer l'honneur que j'ai d'en être ;
Je le veux soutenir, je l'accroîtrai peut-être ;
Ou si l'accroître encore est plus que je ne puis,
Périr pour ma maison, c'est prouver que j'en suis.

ELVIRE, à part.

Je l'avais bien jugé.

LE CID, à Fanès.

Connais-tu ce jeune homme ?

FANÈS.

Ah! quel que soit son nom, c'est un brave.

LE CID.

Il se nomme

Fanès de Minaya.

FANÈS.

Se peut-il?

LE CID.

Son parrain

Le présente à son père.

FANÈS.

Où suis-je?

RODRIGUE.

Votre main;

Laissez-moi la baiser.

FANÈS.

Quoi! c'est mon fils!

ELVIRE.

Le vôtre :
Dieu vous en a pris un il vous en rend un autre.

FANÈS.

Lui, que j'ai renié, lui, que loin de mes yeux
Je crus enseveli sous un linceul pieux.
C'est mon sang !. Ah! son cri me suffit pour le croire :
N'as-tu pas dit, enfant, que tu veux de la gloire ?

RODRIGUE.

Je l'ai dit.

FANÈS.

Que tu veux soutenir et venger
L'honneur de ma maison ?

RODRIGUE.

Quel qu'en soit le danger ;
Je le veux.

FANÈS.

C'est mon fils ; je le vois, je l'embrasse ;
Je sens sous mes baisers ressusciter ma race !

RODRIGUE.

Armez mon bras !

FANÈS.

Viens, Cid !

(A Rodrigue.)

Tous deux nous t'armerons ;
Nous te voulons tous deux chausser tes éperons ;
Mais il faut, en frappant et d'estoc et de taille,
Les gagner entre nous au fort de la bataille ;
Il faut me le ravoir ce corps qui m'est si cher.
Jette le froc aux vents ; plus de robe, du fer !
Du fer sur ta poitrine, un casque sur ta tête !
L'étoile des Fanès à s'éteindre était prête ;
Que son éclat vengeur brille sur ton cimier,
Et mort au Sarrazin qui la voit le premier !

LE CID.

J'approuve son ardeur, je l'aime, mais diffère :
Qu'en nous voyant à l'œuvre il apprenne à bien faire.
Sauter ainsi d'un bond de l'autel au combat,
C'est tout mettre au hasard ; le métier du soldat,

Si généreux qu'on soit, veut quelque apprentissage:
L'habitude est en nous la moitié du courage.

ELVIRE.

Le Cid vit le danger pour la première fois.
Et c'est cette fois là qu'il défit les cinq rois!

FANÈS.

Vrai Dieu! ceux de mon sang ont l'ame bien trempée:
Un cierge pour leur main est plus lourd qu'une épée;
N'est-ce pas, mon Rodrigue?

RODRIGUE.

Allons!

LE CID.

J'espère en lui.
Ce qu'il doit être un jour, qu'il le soit aujourd'hui!

FANÈS, aux chevaliers.

Suivez-nous, compagnons; suivez sa jeune lance;
Pour reprendre Fernand et pour sauver Valence,
Suivez les deux vieillards et le jeune guerrier!

RODRIGUE.

Je vais combattre, Elvire !

ELVIRE.

Et moi, je vais prier.

FIN DU PREMIER ACTE.

ACTE DEUXIÈME.

ACTE DEUXIÈME.

SCÈNE PREMIÈRE.

FANÈS, CHEVALIERS.

FANÈS.

Nous aurions dû les vaincre ou mourir à la peine.
Puisque les deux partis veulent reprendre haleine,
Épuisés par la lutte et comme épouvantés
Des coups qu'ils ont tous deux ou reçus ou portés.
Laissez moi ; mon chagrin cherche la solitude.
Vous dont les bras sanglants tombent de lassitude,
Allez ; je vous ai vus gagner en Castillans
L'honneur de vous asseoir au banquet des vaillants.
Ma présence animait d'une gaîté plus vive
Ces repas où le brave a la mort pour convive ;

Mon défi de buveur lui fut porté souvent ;
Ce temps n'est plus! Mais vous, riez en la bravant ;
Triste, je ne veux pas attrister votre joie,
Et je dois porter seul les maux que Dieu m'envoie.
Mon fils ! Cherchez mon fils ; je l'attends.

SCÈNE DEUXIÈME.

FANÈS, seul.

Malheureux!
Ma honte que j'étouffe est un secret pour eux;
Sur le dernier du nom, avant qu'on la connaisse,
Que du bras paternel le châtiment s'abaisse,
Puisqu'il a pu, celui qui porte un nom pareil,
A cinq cents ans d'honneur mentir en plein soleil!
Mais le voilà!

SCÈNE TROISIÈME.

LE CID, FANÈS.

FANÈS.

C'est toi !

LE CID.

Je veux que tu m'écoutes.

FANÈS.

J'attends quelqu'un.

LE CID.

Qui donc ?

FANÈS.

Mon fils.

LE CID.

De qui tu doutes?

FANÈS.

Que n'en suis-je à douter!

LE CID.

J'ai vu ce qu'il a fait.

FANÈS.

Et tu dis qu'à l'honneur ce fils n'a pas forfait?

LE CID.

Certe.

FANÈS.

Et quand tu le dis, tu ne sens pas la rage,
La honte, devant moi, te monter au visage.

LE CID.

Je n'ai point à rougir.

FANÈS.

N'es-tu pas son parrain?

LE CID.

Je l'excuse aujourd'hui; je le loûrai demain.

FANÈS.

Mais tu l'as vu faiblir.

LE CID.

Généreuse faiblesse!

FANÈS.

C'était vertu?

LE CID.

Qui sait?

FANÈS.

Opprobre à ma vieillesse,
Si l'affront fait aux miens n'est par moi réparé!

LE CID.

Comment?

FANÈS.

En le tuant.

LE CID.

Fanès !

FANÈS.

Je le tûrai.

LE CID.

Tais-toi.

FANÈS.

Quand le rameau s'est flétri jeune encore,
Il faut le séparer du tronc qu'il déshonore.

LE CID.

Il faut venir en aide à sa fragilité,
Pour qu'il couronne un jour le tronc qui l'a porté.

FANÈS.

Va-t'en !

LE CID.

Pourquoi ?

FANÈS.

Tes bras deviendraient son refuge.

LE CID.

Ils le seront.

FANÈS.

Va-t'en !

LE CID.

Je resterai.

FANÈS.

Pour juge
Je veux que nous n'ayons que Dieu seul entre nous.
Il vient là ; cette main le jette à mes genoux ;
Je lui donne un moment pour recueillir son ame :
« Allons, votre prière !... » et puis meure l'infâme !
Je fais justice, et cours chercher en combattant
Ma place au lit funèbre où son frère m'attend.

LE CID.

Toi, son père !

FANÈS.

Le père est juste et non barbare,
Qui prodigue un vil sang dont le fils est avare.

LE CID.

Était-ce bien son sang qu'il voulut épargner?

FANÈS.

De la mêlée alors pourquoi donc s'éloigner?

LE CID.

Quel sentiment saisit cette ame vierge encore,
Quel trouble l'agitait, quelle horreur? je l'ignore;
Mais au-devant du choc sans crainte il a volé;
Sous leurs coups, qu'il cherchait, il n'a pas chancelé.
Soigneux de les parer plutôt que de les rendre,
Le premier qu'il porta, ce fut pour me défendre;
Le sang jaillit : alors, je le vis frissonner,
Comme atteint par le coup qu'il venait de donner.

FANÈS.

Eh! quand on lâche pied, qu'importe qu'on frisonne

De celui qu'on reçoit ou de celui qu'on donne !
Faible, qui sans pâlir ne meurt pas à son rang,
Et faible qui pâlit à l'aspect d'un mourant !
Il a manqué de cœur.

LE CID.

Il en eut trop peut-être,
Non de ce cœur tranquille et qui si fier de l'être,
Aux combats endurci, nous fait voir de sang-froid
Tous leurs maux comme un bien ou du moins comme un dr
Mais de ce cœur sensible aux douleurs, à la plainte,
Ému qu'il est encor par la pieuse crainte,
Par la douce pitié dont les hommes de Dieu
L'ont rempli dès l'enfance à l'ombre du saint lieu.

FANÈS.

Tu m'éclaires : je vois leur damnable artifice ;
Et je soupçonne, moi...

LE CID.

Quoi donc ?

FANÈS.

Un maléfice.

Afin de ramener la brebis au bercail,
Tous ces capuchons noirs se sont mis en travail;
Ils ont traîtreusement formé quelque pratique
Pour amollir l'acier de cette ame héroïque,
Pour refroidir l'ardeur du fier sang dont il sort.
Leur ruse a fait mouvoir quelque secret ressort;
Ils l'ont frappé d'un charme, oui, d'un charme invincible;
Car c'est chose inouïe, incroyable, impossible,
Qu'un Minaya jamais dans la lice ait failli,
Et qu'un poil de sa barbe ait de peur tressailli.

LE CID.

Devaient-ils en soldats exercer leur tutelle
Dans la maison de paix, et leur règle veut-elle
Qu'ils forment un novice à notre art meurtrier?
Ils en ont fait un prêtre, et non pas un guerrier.
Quand il aurait eu peur...

FANÈS.

C'est donc vrai?

LE CID.

Je le nie;

Mais faudrait-il s'en prendre à quelque noir génie ?
De plus braves que nous ont eu leur jour d'effroi.

FANÈS.

Pas moi du moins !

LE CID.

Toi-même.

FANÈS.

Encore un coup, pas moi !

LE CID.

Toi comme un autre.

FANÈS.

Non !

LE CID.

A ta première affaire...

FANÈS.

Non !

LE CID.

Ton cœur a battu plus fort qu'à l'ordinaire.

FANÈS.

Jour de Dieu! non!...

LE CID.

C'est sûr.

FANÈS.

Tu le crois?

LE CID.

Je le crois.

FANÈS.

Tu n'as donc pas dit vrai pour la première fois?

LE CID.

Un démenti, Fanès!

FANÈS.

A qui m'insulte en face

Je le donne.

LE CID.

A ton Cid !

FANÈS.

Choisis l'heure et la place :
Je ne crains pas le Cid.

LE CID.

Je le sais.

FANÈS.

Pas autant
Que tu vas en champ clos le savoir à l'instant.

LE CID.

Conviens qu'il fera beau, Fanès, nous voir aux prises,
Nous, leur exemple à tous, leurs chefs, nous, têtes grises!
Nos jeunes hidalgos sont prompts à s'emporter,
Et c'est une leçon qui doit leur profiter :
Ils feront comme nous. Eh quoi ! si la colère
Allait jusqu'à t'armer contre le sein d'un frère,
Le sein que tant de fois tu vins couvrir du tien,
Tes entrailles pour moi ne te diraient donc rien ?

Tu crois ton bras bien fort; mais, Fanès, qu'il me blesse
Et toi, qui de ton fils accuses la faiblesse,
Devant un peu de sang reculant aujourd'hui,
Tu sentiras le cœur te manquer comme à lui?

FANÈS.

Pardonne; j'étais fou.

LE CID.

Vieille barbe!

FANÈS.

Pardonne!
Tu sais qu'au moindre choc le sang-froid m'abandonne.
Je ne fus jamais bon qu'à me battre, à mourir;
Mais à mourir pour toi dont je dois tout souffrir,
Dont la volonté calme ou me pousse ou m'arrête;
Que suis-je, moi? le bras; et le Cid est la tête.
Mais peux-tu m'en vouloir? j'étais si malheureux!
Je le suis tant! Deux fils!... hélas, j'en avais deux!
Le premier dans sa gloire à mes côtés succombe,
Et je ne puis pour lui conquérir une tombe...

LE CID.

Ben-Saïd, qui par eux l'aura fait respecter,

Forcera ses vainqueurs à te le rapporter.
Il aurait dû déjà répondre à mon message.

FANÈS.

Le second.

LE CID.

De son frère il est la digne image :
Fernand fut ton orgueil, Rodrigue est ton espoir.
Je le verrai, Fanès; c'est moi qui dois le voir;
Moi seul.

FANÈS, *qui éclate en sanglots et tombe sur un siége.*

Il a traîné mon blason dans la boue!
J'ai beau rougir des pleurs qui me brûlent la joue;
Ils sortent malgré moi. Je dois faire pitié,
Faire honte, mon Cid, à ta vieille amitié.
Un soldat, sur un fils qui de lui n'est pas digne,
Pleurer comme une femme! aussi, je m'en indigne.
Et j'ai perdu Fernand, et je n'ai pas pleuré!
Mais lui n'était que mort; l'autre est déshonoré.

LE CID.

On vient.

FANÈS.

Ah ! cache-moi ! cache-moi !

LE CID.

C'est Elvire.

FANÈS, à voix basse.

Sur ce malheureux-là promets de ne rien dire.

LE CID.

Je le loûrais.

SCÈNE QUATRIÈME.

LE CID, FANÈS, ELVIRE.

ELVIRE.

Mon père, enfin je vous revois,
Sans blessure et vainqueur !

LE CID.

Pas encor.

ELVIRE.

Mais la croix,
Qui les a repoussés malgré leur résistance,
Entre eux et nos remparts a mis quelque distance.
Courage ! encore un pas de ce signe divin,
Et nos yeux sur ces bords les chercheront en vain.

Mais parmi les héros que votre exemple enfante
Rodrigue lève-t-il sa tête triomphante?
Est-ce lui qui de vous s'est le plus approché!
Que dis-je? à vos côtés sans doute il a marché.
Vos preux l'admiraient-ils? Perdus dans sa poussière,
Qu'il a dû de bien loin les laisser en arrière!
Comment vous égaler sans les surpasser tous?

LE CID, montrant Fanès.

Mon Elvire!...

ELVIRE, qui vient à lui.

Pardon! noble Fanès, c'est vous
Que doit enorgueillir le succès de ses armes;
Son honneur, c'est le vôtre; ah! parlez... Dieu! des larmes!
Contre un malheur si grand vous que j'ai vu si fort,
Vous pleurez!

LE CID.

Par pitié!...

FANÈS, à part.

Que répondre?

ELVIRE.

Il est mort!

FANÈS, au Cid.

Tais-toi.

ELVIRE.

Rodrigue est mort!

FANÈS, au Cid.

Son erreur est cruelle;
La vérité pourtant le serait plus pour elle.
L'entendre me tûrait.

ELVIRE.

Immolés sous vos yeux,
Ils vont en nous vengeant rejoindre leurs aïeux.
Que de gloire et de deuil dans la même journée,
Où la même douleur deux fois vous est donnée;
Vous n'irez pas du moins entre leurs deux tombeaux
Pleurer seul, prier seul sous des lauriers si beaux;
J'y veux porter aussi mes pleurs et ma prière.
Rodrigue!... Quoi! si jeune, et d'une armée entière

Le modèle à vingt ans!... Hélas! il s'est hâté
De faire en moins d'un jour son immortalité.
De la céleste paix c'est Dieu qui le retire
Pour cueillir au combat les palmes du martyre;
Il les cueille; et vers Dieu trop prompt à retourner,
Il n'a pris que le temps de vous en couronner.

LE CID, à Elvire.

Tu lui brises le cœur. Viens, Fanès.

FANÈS.

Ah! ma fille,
Ce titre a pu deux fois t'unir à ma famille :
Un coup bien que mortel ne m'a pas abattu;
Mais contre le second je reste sans vertu :
Jamais, jamais ma fille!

Le Cid l'entraîne.

SCÈNE CINQUIÈME.

ELVIRE.

Ainsi jeunesse et gloire,
Première émotion que donne la victoire,
Magnanimes plaisirs qu'à peine il a connus,
Lauriers pour lui fanés aussitôt qu'obtenus,
Tout s'est anéanti. Quand son père l'approuve,
Quand je puis l'avouer, cet amour que j'éprouve,
Il est mort; et ce cri : « Rodrigue, je t'aimais!.. »
Rodrigue, mort pour moi, ne l'entendra jamais!
Pour moi; je l'ai voulu; sa perte est mon ouvrage.
Pouvais-je donc, ô ciel! douter de son courage?
Avais-je, en l'adorant, besoin pour l'admirer
De l'exposer au coup dont il vient d'expirer?

Il fut à lui ce cœur que la reconnaissance,
Qu'un pur enthousiasme a mis sous sa puissance,
Du jour que je le vis, ange consolateur,
Braver d'un front si calme un fléau destructeur;
Mais aussi que ce cœur, honteux de se connaître,
A pris un soin cruel d'humilier son maître!
Dans quelle rigueur feinte il chercha des secours!
De quels traits dédaigneux il arma mes discours!
Je dus cacher mes feux, puisqu'ils étaient un crime;
Ce ne fut pas assez, je l'en rendis victime;
A ses humbles vertus, superbe, j'insultai;
Je l'accablai du poids de leur obscurité.
De son sang, de ses jours, je ne tins aucun compte,
Pour faire de sa gloire une excuse à ma honte;
Je voulus qu'il fût grand, illustre; je voulus
Qu'il devînt un héros; et ce héros n'est plus!
Il n'est plus!.. Sois heureuse: à ta bouche inhumaine
Pas un mot n'échappa qui démentît ta haine;
Tu sus te vaincre, Elvire, et devant son cercueil
Cet aveu de ta force est doux à ton orgueil;
Triomphe: à t'en louer tu dois trouver des charmes,
Et c'est faiblesse à toi que de verser des larmes.
Ah! faiblesse ou vertu, qu'importe? En liberté
Je les laisse pour lui couler avec fierté.

Que ne peut-il les voir; témoins de mon délire,
Si ces yeux ranimés dans les miens pouvaient lire,
Que j'y mettrais d'amour! comme je laisserais
Ma sainte idolâtrie éclater sur mes traits!
Dans quels tendres aveux je la voudrais répandre,
Pour le désabuser, le venger, et lui rendre
En bonheur, en ivresse, en orgueil d'être aimé
Tous les chagrins cuisants dont je l'ai consumé.

SCÈNE SIXIÈME.

ELVIRE, RODRIGUE.

ELVIRE, qui se retourne et pousse un cri.

Ah! que vois-je? Rodrigue!

RODRIGUE.

Elvire!

ELVIRE.

Est-il possible?
Où suis-je? ai-je à mes maux trouvé la mort sensible?
Rodrigue, est-ce ton ombre? ou conservé pour moi,
Qui te pleure et qui t'aime, ô Rodrigue, est-ce toi?

RODRIGUE.

Qu'entends-je?

ELVIRE.

Il vit!.. ton bras s'est ouvert un passage;
Au plus épais des rangs jeté par ton courage,
On t'en croyait victime; un courage plus grand,
Un prodige héroïque à mon amour te rend!

RODRIGUE.

Est-ce vous qui parlez? Quelle pitié vous touche,
Vous égare, et quels mots sortent de votre bouche!
Aimé! j'étais aimé! je le suis, et de vous!
Répétez cet aveu si cruel et si doux;
Qu'il inonde mon cœur d'une ivresse nouvelle,
Et que je meure, ô Dieu! pour mourir aimé d'elle!

ELVIRE.

Toi, mourir!... quoi! ce cri de mon âme élancé,
De mon front pâle encor l'effroi mal effacé;
Quoi! des pleurs qu'ils versaient mes yeux encore humides,
Pour toi qui veux mourir sont des garants perfides!
Ce que t'ont dit ma voix et le trouble où je suis,
Il faut te le redire : Eh bien donc! je ne puis
Ni cesser de t'aimer, ni t'aimer davantage;
Eh bien! ce cœur vaincu t'appartient sans partage.

Te l'a-t-il assez dit? En subissant tes lois,
Est-il dans sa tendresse assez fier de son choix,
Lorsque je reconnais que ta jeune vaillance
A, sur les pas du Cid, conquis son alliance ;
Que ma main dans ces nœuds, dont j'aime à me vanter
Trouve autant de lauriers qu'elle en doit apporter ?
Car, en m'en couronnant, c'est aux tiens que je donne
Cette main que, toi mort, ne méritait personne ;
C'est à ceux dont pour moi tu viens de te couvrir,
A ceux qui les suivront, et que me doit offrir
Dans le cours d'une vie en victoires féconde
Le bras d'un Cid nouveau qui se révèle au monde.

RODRIGUE.

Arrêtez : cette main qu'à votre erreur je doi,
Loin de me la donner, retirez-la de moi ;
Ou plutôt armez-la contre un sein qui s'élance
Au-devant de ma peine et de votre vengeance.
Vengez-vous de mes torts sans les avoir appris,
Et qu'au moins par vos coups j'échappe à vos mépris.

ELVIRE.

Qui peut me démentir quand je te rends justice ?

RODRIGUE.

Moi, c'est moi; mais que n'ai-je, ô ciel! par quelque indice
Pressenti le bonheur où j'étais appelé!
Il eût changé mon être, il l'eût renouvelé;
A ces hommes de fer il m'eût rendu semblable.
Devenu par amour comme eux inexorable,
Je n'aurais pas alors, intrépide à moitié,
En étouffant la peur, écouté la pitié.
A travers mon espoir j'aurais d'un œil avide
Vu, comme eux, sans pâlir, cette gloire homicide,
Et me serais plongé, sans reculer d'un pas,
Dans cette œuvre de mort qui ne les émeut pas.

ELVIRE.

Reculer!

RODRIGUE.

Je l'ai fait. Quand j'ose vous l'apprendre,
Je sais à quelle honte ici je vais descendre;
Je le dis devant vous, le dirais devant eux;
Nier la vérité n'est-il pas plus honteux?
Oui, dès que j'eus frappé, je détestai ma rage,

Et reculai d'horreur en voyant mon ouvrage ;
Je l'ai fait : je ne fus barbare qu'à demi.

ELVIRE.

A la face du ciel, et devant l'ennemi ?

RODRIGUE.

A la face du ciel dont j'ai cru la voix sainte,
Et devant l'ennemi que j'affrontais sans crainte.
Quand j'ai senti sous moi mon coursier frémissant
Nager jusqu'au poitrail dans un fleuve de sang,
Bondir, les pieds rougis, sur des chairs palpitantes ;
De mon premier exploit quand les mains dégoûtantes,
J'ai du meurtre, à mon tour, respiré la vapeur,
Mon bras en retombant s'est glacé de stupeur.
Il venait de porter une atteinte trop sûre ;
J'entendis une voix sortir de la blessure ;
J'entendis mon arrêt de la mort s'élever.
Qui? moi, fait pour guérir, pour convaincre et sauver,
En les fermant, ces yeux dont j'éteignais la flamme,
J'avais d'un même coup tué le corps et l'âme !
Laisser là des bourreaux l'un contre l'autre armés,
Était-ce fuir? j'ai fui : méprisez-moi ; n'aimez,

N'admirez que ces preux, instruits dès leur jeune âge
A noyer leurs remords dans les flots du carnage ;
Elvire, adorez-les ! pour devenir fameux
Sur leur trace sanglante, il faut sentir comme eux.
Dans leur superbe cœur c'est la gloire qui crie ;
La douce humanité, la nature attendrie,
Qui plus haut que la gloire ont crié dans le mien,
Qui me condamnaient, moi, ne leur reprochaient rien.
Ces durs exécuteurs des célestes colères
Frappaient des ennemis et je frappais des frères ;
Poussés par l'honneur même à leur percer le sein,
Ils étaient des héros ; j'étais un assassin.

ELVIRE.

Et le Maure a vu fuir devant son cimeterre
Un avenir si grand, l'orgueil héréditaire
De tant d'exploits passés, quand cinq siècles d'ayeux
Du haut de leurs tombeaux avaient sur vous les yeux....
Mais non, tu me trompais ; et par cette imposture
Tu me rendais, cruel, torture pour torture,
Non, toi qui m'es si cher, toi qui le sais, oh ! non.
Tu n'as pu perdre ainsi ton avenir, ton nom,
Cet honneur qu'à la vie un Sarrazin préfère ;

Non, je ne te crois pas ; non, tu ne l'as pu faire ;
Non, tu ne l'as pas fait !

RODRIGUE.

Je vous offre à genoux
Des jours que j'apportais à mon père en courroux ;
Les voilà ! prenez-les ; soyez impitoyable,
Innocent devant Dieu, mais devant vous coupable,
Je vous l'offre ce sein ; qu'il soit par vous frappé,
Encor tout palpitant d'un bonheur usurpé.
Du moins, je fus heureux ! punissez-moi : ma faute
Est d'avoir fait rougir une vertu si haute
Par l'aveu d'un amour qui ne m'était pas dû,
Trop indigne à ses yeux de l'avoir entendu !

ELVIRE.

Il est donc vrai. Qui? vous... Castillan, gentilhomme,
Dernier espoir d'un sang qu'entre tous on renomme
Pour noble, et que pour brave on proclame entre tous,
Minaya, fils d'Alvar, filleul du Cid, qui? vous!...
Ah! Rodrigue!

Elle s'enfuit.

SCÈNE SEPTIÈME.

RODRIGUE, qui est resté à genoux.

Et pourtant, moi qu'elle outrage en face,
Des miens je me sens l'âme, ils m'ont de cette audace,
Qui bouillonnait en eux, transmis le feu sacré.
Je ne suis pas de vous un fils dégénéré ;
Mânes de mes aïeux, je ne suis pas un lâche ;

Il se relève.

Non, je ne le suis pas !... et sans fin, sans relâche,
Sous leurs mortels dédains ses yeux m'accableront,
Et dans leurs yeux à tous je trouverai l'affront.
Éternelle agonie où ma vertu succombe !
La tombe est préférable, et j'y descends... la tombe !

Sans crime avec ce fer puis-je donc me l'ouvrir ?
Le cloître ! j'y serais des siècles à mourir.
Ainsi flétri, perdu, je n'ai plus de refuge,
D'abri contre la honte !... ô mon père, ô mon juge,
Viens, toi, viens sur ton fils assouvir ta fureur ;
Ah ! viens, frappe, et de vivre épargne-lui l'horreur !

SCÈNE HUITIÈME.

RODRIGUE, LE CID.

LE CID.

Rodrigue !

RODRIGUE, à part, en faisant un pas pour sortir.

Où me cacher ?

LE CID.

Reste.

RODRIGUE, de même, en se rapprochant du Cid.

Mon sang se glace.

LE CID.

Nos braves au banquet vont bientôt prendre place.

RODRIGUE.

Et le Cid ne va pas s'asseoir au milieu d'eux ?

LE CID.

Tête-à-tête, filleul, nous dînerons tous deux.

RODRIGUE.

Avec vous, moi ?

LE CID.

Veux-tu ?

RODRIGUE.

Moi !

LE CID.

Cœurs à toute épreuve.
D'un tel acharnement ils n'ont jamais fait preuve ;
Sans avoir mis à bas trois Maures de sa main,
Pas un pour m'obéir n'a rebroussé chemin.
De ces vieux batailleurs l'orgueil est intraitable :
Il faut leur ressembler pour s'asseoir à leur table,

Et... n'en dis rien, de moi je ne suis pas content ;
Je me suis mal montré.

RODRIGUE.

Se peut-il !

LE CID.

En partant,
J'avais la tête fière ; on eût dit à m'entendre
Que dans ma noble ardeur je devais tout pourfendre ;
Mais soit qu'un mal soudain plus tard vînt l'amortir,
Soit que le froid des ans se fît en moi sentir,
Je n'étais plus le Cid.

RODRIGUE.

Quoi !

LE CID

N'en parle à personne ;
Il se peut qu'à leur table un d'entre eux le soupçonne,
Il me raillerait.

RODRIGUE

Vous ?...

LE CID.

Sans pitié : que veux-tu ?
Comme ces démons-là je n'ai pas combattu ;
En un mot, j'ai faibli.

RODRIGUE.

Qui, vous !

LE CID.

Je le confesse.
Qu'est-ce donc après tout qu'un moment de faiblesse ?
Du meilleur champion l'âme parfois s'abat ;
Il n'en est que plus fort à son premier combat.
Par sa faute affermi, loin qu'il s'en décourage,
Contre lui, contre tous, je ne sais quelle rage
Le transporte, et le pousse à tenter des efforts
Qui lui font en héros réparer tous ses torts.
Au repas qu'on leur sert là-bas ma place est prise ;
Mais à souper, vrai Dieu ! je l'aurai reconquise.

RODRIGUE.

Ce fier Campéador qui jamais n'a tremblé...

LE CID.

Jamais, c'est beaucoup dire.

RODRIGUE.

Aujourd'hui s'est troublé?

LE CID.

Comme si j'en étais à mon apprentissage.
Me mêler avec eux n'aurait pas été sage;
Je t'ai cherché, mon fils; tu sais ma peine : voi
Si tu me trouves bon pour manger avec toi?

RODRIGUE.

Ah! j'ai perdu mes droits à cet honneur insigne.

LE CID.

Pour m'avoir obéi quand ma main te fit signe,
Quand ma voix t'ordonna, filleul, de t'éloigner?

RODRIGUE.

A moi?

LE CID.

Mon mal, Rodrigue, aurait pu te gagner.
Et contre mon exemple il fallait te défendre.
J'ai parlé de manière à me bien faire entendre,
Et tout le monde a su que tu m'obéissais.

RODRIGUE.

Mon honneur est sauvé?

LE CID.

Comment, tu faiblissais!..
Nous étions en malheur; mais toi, c'est excusable:
Un novice à l'autel voit-il rien de semblable?
Au spectacle du meurtre il y reste étranger,
En semant sur le lin les fleurs de l'oranger;
Jamais le sang versé n'y laissa de vestige;
Le voir sans être ému serait presque un prodige.
Un jour j'ai tourné bride aux monts d'Albaracin
Où son aspect d'horreur a soulevé mon sein.
Faisons donc table à part, mais gaîment, que t'en semble?
Nous prendrons au dessert notre revanche ensemble;
Et tout braves qu'ils sont, si tu le veux, ce soir
Le plus brave entre nous sera fier de s'asseoir.

RODRIGUE.

O mon père! ô clémence! ô douceur adorable!
Pour me faire innocent, tu te faisais coupable.
Je mourais si d'un mot tu m'avais outragé,
Et tu rends à la vie un cœur découragé,
Il renaît; laisse-moi cacher dans ta poitrine
Ce front que le remords sous tes bontés incline,
Laisse-moi, soulagé du poids de mes douleurs,
Respirer l'héroïsme en y cachant mes pleurs.

LE CID, qui le tient embrassé.

Répands, jeune lion, répands ces pleurs que j'aime:
Ils n'auront sur mon sein de témoin que toi-même.
Quand il touche à l'honneur qu'un souffle ternirait,
Pour qu'un avis profite, il faut qu'il soit secret.
Le courage qui tue à tes yeux est furie;
Rodrigue, il est devoir s'il venge la patrie.
Le meurtre est juste alors; pense qu'en triomphant
C'est elle, c'est ton Dieu que ta vertu défend,
Non le bruit qu'après toi laissera ta mémoire,
Et que l'humanité ne sied qu'à la victoire.
Tu le sens, n'est-ce pas? et tu veux devenir

Le vaillant que ton nom promet à l'avenir;
Tu prouveras à tous qu'en toi revit ton frère,
Et seras ce qu'il fut, l'orgueil de ton vieux père.

RODRIGUE.

Mais perdre Elvire; ô ciel! la perdre pour jamais,
Et quand j'étais aimé!

LE CID.

D'Elvire?

RODRIGUE.

Que j'aimais.

LE CID.

Toi!

RODRIGUE.

Pardon! renfermant l'amour qui me consume,
Je n'ai de cet amour senti que l'amertume.
Pardon! si j'eus des torts, ils sont trop expiés;
Le désespoir les suit: ici même, à ses pieds,
Une erreur m'a livré l'aveu de sa tendresse,
Et moi, dans ce moment de douleur et d'ivresse,
J'ai tout dit; mon bonheur, je n'ai pu l'accepter,
Et je ne l'ai connu que pour le regretter.

LE CID.

Que pour t'en rendre digne ; il peut renaître encore :
On désarme aisément celle qui vous adore,
Et, fût-il menacé d'un courroux éternel,
Jamais l'amant aimé n'est long-temps criminel.
Tout couvert de son sang, j'ai cru perdre Chimène ;
Elle a cru me haïr, et j'ai fléchi sa haine ;
Mais à force de vaincre ; eh bien ! fais comme moi,
Et change en actions les pleurs versés par toi.
Ils engagent ton bras, car ils sont des promesses :
Ces pleurs vont enfanter d'incroyables prouesses :
La mort en va sortir, la gloire ; et cette fois
Tu vas m'épouvanter, filleul, de tes exploits.

RODRIGUE.

Ah ! puisqu'il m'est promis ce prix de ma vaillance,
Meure en moi la pitié devant cette espérance !
Que le fer ennemi se plonge dans mon flanc,
Qu'à vos yeux immolé je tombe en immolant,
Qu'un pied païen m'achève, et que pour funérailles
Les loups de la Sierra boivent dans mes entrailles,
Si mon père au retour me refuse son nom.

Campéador, l'espoir de porter son blason,
Elvire, cette main qu'elle m'avait donnée,
Et les chrétiens vainqueurs l'honneur de la journée!

LE CID.

Sûr qu'au prochain combat tu seras sans rival,
Je me tiendrai content si j'en sors ton égal.
Quand battront mes tambours, à tes côtés j'y vole;
Dans une heure sois prêt.

RODRIGUE.

Si tard!

LE CID, lui serrant la main.

Bonne parole!
Quelqu'un vient; dans une heure ici le rendez-vous!

RODRIGUE.

J'y serai.

SCÈNE NEUVIÈME.

LE CID, RODRIGUE, BEN-SAÏD; ce dernier porte au cou une chaîne qu'il n'avait pas au premier acte.

LE CID.

Ben-Saïd.

BEN-SAÏD.

Moi-même.

LE CID, à Rodrigue.

Laisse-nous.

RODRIGUE, à part en apercevant la chaîne.

Qu'ai-je vu?

LE CID.

Laisse-nous.

RODRIGUE, à part.

Cette chaine..... ô vengeance!
Est-ce lui?

LE CID.

Sors, Rodrigue!

Rodrigue se retire lentement, les yeux attachés sur le Maure.

SCÈNE DIXIÈME.

LE CID, BEN-SAID.

LE CID.

A ma reconnaissance
Tes titres sont sacrés, Ben-Saïd : tu me rends
Les restes du guerrier qui tomba dans vos rangs.
J'avais reçu ta foi : je m'y devais attendre ;
Mais en les rapportant tu fais plus que les rendre.

BEN-SAÏD.

Tu m'as loué trop tôt ; j'aurais donné mon sang
Pour laisser d'un bienfait ton cœur reconnaissant.
Les Maures de l'Atlas, pour être plus sauvages
Que ceux dont la Syrie a peuplé ces rivages.

Sont-ils moins généreux ? Alla m'en est témoin,
Je l'aurais, ce Fernand, rapporté de plus loin;
Je viens seul : son vainqueur, dont il faut qu'on l'obtienne,
Ne veut pas que ce corps dorme en terre chrétienne.

LE CID.

Son désir sur le tien devait-il prévaloir ?

BEN-SAÏD.

Il ne le veut pas, Cid, et ne le peut vouloir;
Il ne vous rendra pas, pour que votre prière
Bénisse, en l'y couchant, sa demeure dernière,
Pour qu'un marbre pieux le couvre à son retour,
Ce corps qu'il a promis aux serres du vautour.

LE CID.

L'outrage que reçoit cette noble dépouille,
Ce n'est pas le vaincu, c'est le vainqueur qu'il souille.

BEN-SAÏD.

Ignorant ses griefs, comment le juges-tu ?
C'est cruauté pour toi, mais pour lui c'est vertu.

LE CID.

De repousser les vœux d'un vieillard qui le prie,

BEN-SAÏD.

Il pria des vieillards sans fléchir leur furie.

LE CID.

D'un père, Ben-Saïd ?

BEN-SAÏD.

On l'a privé du sien.

LE CID.

N'a-t-il donc jamais vu pardonner un chrétien ?

BEN-SAÏD.

Toi seul; ton Dieu pourtant ordonne la clémence;
Mais le sien la justice.

LE CID.

Et fût-ce la vengeance,
En rendant pleurs pour pleurs et trépas pour trépas,
On accorde un tombeau.

BEN-SAÏD.

Son père n'en eut pas;

Sa mère en expirant n'en a pas eu... sa mère!
Une femme!

LE CID.

Est-il vrai?

BEN-SAÏD.

Cette douleur amère,
Leur fils la sent encor : de tous les prisonniers
Faits dans leur ville en cendre, ils étaient les derniers.
Ces deux hardis croyants portaient si haut la tête,
Et confessaient si haut la loi de leur prophète,
Qu'on rendit à plaisir leur supplice plus lent;
L'outrage s'y mêla : de son glaive insolent
L'Espagnol les força de baiser la poignée
Dont il collait la croix sur leur bouche indignée,
A leur aide, en riant, appela Mahomet,
Autour de leurs deux corps qu'un brasier consumait,
Et par trois fois, aux cris d'une foule grossière,
En jeta dans les vents la brûlante poussière.
Voilà ce qu'il a fait; guerrier, veux-tu savoir
Ce qu'a fait à son tour leur fils au désespoir?

LE CID.

Achève.

BEN-SAÏD.

Il a juré le saint nom de sa mère,
Le nom plus saint encor de son vénéré père,
Et les chairs et les os de leurs corps qu'on brûla,
Et leur cendre lancée à la face d'Alla,
Que jamais les chrétiens ne répandraient la terre
Sur un chrétien par lui frappé du cimeterre.
A moins qu'en succombant délié de sa foi,
Lui-même d'un vainqueur il n'eût subi la loi.
Que de soleils depuis, que de froides rosées
Ont passé sur des chairs par lambeaux exposées
Au bec vengeur de l'aigle, et combien d'ossements
Ont, de chairs dépouillés, blanchi sans monuments.
Mais avant qu'il soit las de châtier ta race,
Combien d'autres encor blanchiront sur sa trace?
Car son bras est mortel à qui l'ose braver,
Et le vainqueur qu'il cherche est encore à trouver.

LE CID.

Dieu, qui du haut du ciel maudit ces représailles,
Pourra le lui trouver au pied de nos murailles.

BEN-SAÏD.

Dieu, qui les lui commande, a dit que sur ce bord,
Au plus grand de vous tous il donnerait la mort.

LE CID.

Qu'il laisse aux pleurs d'un père amollir son courage,
Ce guerrier pour sa gloire aura fait davantage.

BEN-SAÏD.

Il a juré.

LE CID.

Du Cid veut-il être honoré?
Qu'il cède.

BEN-SAÏD.

Je t'ai dit, chrétien, qu'il a juré.

LE CID.

Alors, je te dis moi, partant, je t'autorise,
Maure, à lui répéter que le Cid le méprise.
Quel que soit le serment que sa bouche a prêté,
Insulter un cadavre est une lâcheté.

BEN-SAÏD.

Ce mot-là prononcé veut qu'on tue ou qu'on meure :
La bataille en suspens vous laisse encore une heure;
Si tu veux mesurer ton bras avec le sien,
Je te dirai son nom.

LE CID.

Je le sais : c'est le tien.

BEN-SAÏD.

Eh bien donc?

LE CID.

Il n'est plus qu'un duel qui m'honore,
Duel entre la croix et l'étendard du Maure,
Mon pays et le tien, vous, Ben-Saïd, et nous,
Non d'un seul contre un seul, mais de tous contre tous.
De tant d'hommes sur moi lorsque le sort repose,
Punir l'orgueil d'un homme est pour moi peu de chose;
J'ai son peuple à détruire et le mien à sauver.
Il me retrouvera s'il veut me retrouver;
Je n'entends éviter ni chercher sa rencontre;
Qu'au fort de la mêlée à mes yeux il se montre,

Et pour avoir le mien, qu'il m'apporte son sang.
Je ne refuse pas de l'abattre en passant.
Pars.

(Montrant le champ de bataille.)

Là, je te promets de remplir son attente;
Là, dans les rangs des siens, là, jusque sous sa tente,
Jusque sous son épée, avec l'aide de Dieu.
J'irai chercher Fernand.

BEN-SAÏD.

Viens donc l'y prendre.

LE CID.

Adieu.

(Le Cid sort par une porte latérale, Ben-Saïd se dirige vers la porte du fond.)

SCÈNE ONZIÈME.

BEN-SAID, RODRIGUE.

RODRIGUE.

Demeure.

BEN-SAÏD.

Que veux-tu?

RODRIGUE.

Savoir par ta réponse
Si j'ai droit sur tes jours.

BEN-SAÏD.

Toi, jeune homme!

RODRIGUE.

Prononce :

Tu le peux en deux mots.

BEN-SAÏD.

Ne retiens point mes pas.

RODRIGUE.

Ou tu vas me répondre, ou tu ne l'oses pas.

BEN-SAÏD.

Parle donc ; j'ose tout.

RODRIGUE.

Que Ben-Saïd m'explique
D'où vient qu'un mécréant porte cette relique ?

BEN-SAÏD.

Parce qu'il n'y croit pas et prouve en la portant
Ce que peut le Sauveur en qui vous croyez tant !

RODRIGUE.

Ce Sauveur, qui te tient sous sa main vengeresse,
Pour signaler sa force a choisi ma faiblesse.

BEN-SAÏD.

Quel bras as-tu vaincu?

RODRIGUE.

Je n'en redoute aucun.

BEN-SAÏD.

Ton nom?

RODRIGUE.

Je n'en ai pas; mais tu vas m'en faire un.

BEN-SAÏD.

Tes griefs?

RODRIGUE.

Cette chaîne, est-ce toi qui l'as prise?

BEN-SAÏD.

J'en suis fier.

RODRIGUE.

Où, comment, sur qui l'as-tu conquise?

BEN-SAÏD.

Où, jeune homme, comment et sur qui?

RODRIGUE.

Réponds-moi.

BEN-SAÏD.

Ici près, par le fer, sur plus vaillant que toi.

RODRIGUE.

Eh bien! je veux la rendre à qui tu l'as ravie,
Et l'aurai par le fer, païen, avec ta vie!

BEN-SAÏD.

Prends garde : car ta main semblait en approcher,
Et ce serait, chrétien, mourir que d'y toucher!

RODRIGUE.

Mourir!

BEN-SAÏD.

Ne force pas ce glaive à t'en convaincre.

RODRIGUE

Je te l'arrache donc pour montrer que c'est vaincre!

BEN-SAÏD.

Qu'as-tu fait?

RODRIGUE.

Reprends-la ; maintenant c'est mon bien,
Et ce sang que je baise, il demande le tien ;
Il l'exige.

BEN-SAÏD.

Où veux-tu tomber sous ma colère?

RODRIGUE.

Choisis : tout lieu m'est bon si je venge mon frère.

BEN-SAÏD.

Ton frère!

RODRIGUE.

Il nous attend pour te voir abattu.

BEN-SAÏD.

Mais les lois du combat, malheureux, les sais-tu?

RODRIGUE.

Qu'importe? c'est à toi qu'elles seront funestes.

BEN-SAÏD.

Du Fernand qui t'est cher, je te rendrai les restes...

RODRIGUE.

Sur l'heure !

BEN-SAÏD.

Ou sans tombeau, je laisserai les tiens.

RODRIGUE.

J'accepte.

BEN-SAÏD.

Viens.

RODRIGUE.

Marchons.

BEN-SAÏD, *montrant Rodrigue*

De leurs lambeaux chrétiens,
Aigles, que je nourris, voilà votre pâture !

RODRIGUE.

Ton cadavre, mon frère, aura la sépulture !

FIN DU DEUXIÈME ACTE.

ACTE TROISIÈME.

ACTE TROISIÈME.

SCÈNE PREMIÈRE.

LE CID entre en regardant autour de lui avec inquiétude,
ELVIRE le suit.

ELVIRE.

Qu'avez-vous?

LE CID, à part.

L'heure expire, et Rodrigue est absent.

ELVIRE.

Quand, pour livrer bataille, il part en m'embrassant,
Mon père a l'œil si fier et l'ame si contente!...
Vous attendez quelqu'un qui trompe votre attente.

LE CID, de même.

C'est étrange ; il n'importe : en lui j'ai toujours foi.

A Elvire.

Mais un autre doit-il me distraire de toi ?

ELVIRE.

Il ne viendra pas.

LE CID.

Qui ?

ELVIRE.

Pourtant le clairon sonne.

LE CID.

Qui veux-tu dire, enfant ?

ELVIRE.

Ah! personne!

LE CID.

Personne ?

Et cependant tes yeux se détournent des miens,
Pour dévorer des pleurs qu'à peine tu retiens.

ELVIRE.

Je crains la gloire aussi, même en la trouvant belle.

LE CID.

Aussi! qui donc la craint?

ELVIRE.

Bientôt à l'infidèle
Vous aurez de Fanès fait expier le deuil ;
Mes yeux sous vos baisers se sécheront d'orgueil.

LE CID.

Dans nos murs, à ta garde il faut que Fanès veille.

ELVIRE.

Quelle crainte inconnue en vous pour moi s'éveille?

LE CID.

Comment prévoir le sort d'un combat acharné.
Où l'un des deux partis doit être exterminé?
Au cœur des Sarrazins tandis que je m'élance.
Un coup de désespoir peut leur livrer Valence.
Et je n'en puis sortir avec sécurité
Sans laisser loin de moi ma fille en sûreté.

ELVIRE.

Pour garder nos remparts Rodrigue peut suffire.

LE CID.

Il doit gagner le prix où son espoir aspire.

ELVIRE.

Quel prix ?

LE CID.

Tu le sauras. Fier de m'accompagner,
C'est en me défendant qu'il prétend le gagner,
Tout à l'heure pour moi tu t'alarmais d'avance.

ELVIRE.

Mais mon cœur alarmé tressaillait d'espérance.

LE CID.

Elvire, il est passé le temps où mon regard
Voyait aussi l'espoir lui sourire au départ,
Quand ta mère, si lente à m'attacher mes armes,
Accusait mon ardeur d'insulter à ses larmes.
Qui m'eût dit qu'avant moi cette fleur tomberait ?
L'heureux Cid, qui jadis pour vaincre se parait,
Depuis qu'en l'attendant sa Chimène sommeille,

Ne porte plus l'azur avec la croix vermeille ;
Il revêt des couleurs sombres comme la nuit,
Et noir est le harnais du coursier qu'il conduit.
Pauvre Babièça, qui jamais ne murmure,
Si chaud que soit l'été, du poids de mon armure,
Dont je n'ai jamais vu les flancs battre d'effroi.
Force est qu'un jour ou l'autre il revienne sans moi;
Ce jour-là même encor, reçois-le bien, ma fille;
Fais-lui porter mon deuil ; il est de la famille.
Qu'il soit flatté par toi des mains et des regards :
La noble créature est sensible aux égards.
Sans le traiter d'ingrat, qu'à son vieux maître il pense:
Car tout bon serviteur mérite récompense.

ELVIRE.

Cette course lui garde un triomphe nouveau :
Il reviendra, ce soir, plus fier de son fardeau.

LE CID.

En fût-il autrement ; dans ta douleur sois ferme :
Souviens-toi qu'ici-bas toute chose a son terme.
Mes jours sont pleins, Elvire, et bons à moissonner ;
Dieu qui me les compta pouvait moins m'en donner.
Les reprendre est son droit; mais, si sa faux les touche,
Que leur dernier soleil dans la gloire se couche !

Tu devras, comme moi, bénir le moissonneur ;
La récolte en tombant sera riche d'honneur.

ELVIRE.

Je ne vous vis jamais cette triste pensée.

LE CID.

D'un je ne sais quel poids mon ame est oppressée ;
C'est faux pressentiment, faiblesse, je le veux ;
Mais, quelque soit mon sort, voici mes derniers vœux :
Sur ma part de butin dote cinq pauvres filles,
Si Valence aujourd'hui reste unie aux Castilles ;
Que pour le voyageur des murs hospitaliers
S'élèvent par tes soins au milieu des halliers,
Où son corps fatigué ne trouve sur la terre
L'ombre qui rafraîchit ni l'eau qui désaltère.
Et qu'il ait un abri, sans payer son séjour,
Sur ces monts de Térouel où j'eus tant soif un jour.
Quant à moi, si je meurs, qu'un convoi me ramène,
A travers les païens, au tombeau de Chimène ;
Que droit sur les arçons et Tizonade au vent,
La face à l'ennemi, mon corps marche en avant,
Et si désir leur vient de vous barrer la route,
Mon ombre suffira pour les mettre en déroute.

ELVIRE.

Et, témoin des dangers où je vous vois courir,
Je ne puis avec vous triompher ni mourir!
Hélas! que fait votre ame en un sexe débile?
Que n'avez-vous, au lieu d'une fille inutile,
Un fils qui de son corps au champ vous couvrirait!
Ce n'est pas moi du moins que mon père attendrait!

LE CID.

N'en ai-je donc pas un digne du nom qu'il porte?
De lenteur accusé quand son ardeur l'emporte,
Dans la plaine peut-être il vient de s'élancer,
Et c'est peu de me suivre, il veut me devancer.
Mais que peut-il pour moi, si Chimène m'appelle?..
Car je l'ai vue en songe...

ELVIRE.

En songe!

LE CID.

Toujours belle,
Belle comme à vingt ans, mais morte cette fois.

J'errais sous son balcon, chantant à demi-voix
L'air qui fut si long-temps sa douce fantaisie;
Son bras avec lenteur leva la jalousie.
Ravi, je crus encor la voir sous ces atours
Que préféraient mes yeux au temps de nos amours;
C'est sous un blanc linceul qu'elle m'est apparue.
Pâle, elle m'a souri; puis, dans l'air suspendue,
Vers l'étoile du soir elle a levé la main,
Et s'est évanouie en disant : « A demain! »
Au rendez-vous donné je fus toujours fidèle;
Tu vois bien que ce soir je dois être auprès d'elle,
Et je voudrais, ma fille, au dernier rendez-vous,
Lui dire, en l'embrassant, le nom de ton époux.

ELVIRE.

Cet époux, il est mort. Si le ciel me destine,
Quand je suis déjà veuve, à rester orpheline,
C'en est fait; et mes jours au deuil sont dévolus.
Disposer de ma main quand vous ne serez plus,
C'est donner votre fille et votre épée ensemble :
L'une est de vous sortie; il n'est cœur qui lui semble
S'être placé si haut que de la mériter,
Et l'autre pour eux tous est trop lourde à porter.

LE CID.

Un d'eux fera pourtant plus que tu n'en exiges :
L'amour dans notre Espagne accomplit des prodiges
Et... mais voici Fanès.

SCÈNE DEUXIÈME.

LE CID, ELVIRE, FANÈS, CHEVALIERS.

FANÈS.

Cid, je viens te chercher;
Que fais-tu? De ses bras faudra-t-il t'arracher?
On attend le signal : est-ce que tu l'ignores?
Ou veux-tu que sans toi j'aille achever les Maures?

LE CID.

J'ai tout prévu, Fanès.

FANÈS, à l'oreille du Cid.

Que m'avais-tu promis?
Il devait avec nous marcher aux ennemis?

LE CID.

Rodrigue ?

FANÈS.

Où donc est-il ?

LE CID.

Au pied des murs sans doute.

FANÈS, qui se contient à peine.

Je sais que non ; du cloître il a repris la route ;
Qu'il s'y cache.

LE CID.

De lui parle bas à ton tour.

FANÈS.

Dans son ignominie enfoncé sans retour,
Il se garderait bien de paraître où nous sommes,
L'indigne !

LE CID, à lui-même.

Cependant je me connais en hommes !

ELVIRE, *à part.*

Et mon fatal amour, j'ai pu le révéler
A celui dont tout haut on n'ose plus parler.

FANÈS, *au Cid.*

Embrasse-la; partons; car l'opprobre d'un autre
Si nous tardons encor va devenir le nôtre.
D'ailleurs en le voyant... Ah! partons; tu connais
L'effroyable pensée où je m'abandonnais :
De moi, pour l'étouffer, je ne sais plus que faire,
Et si je ne me bats, rien ne m'en peut distraire.

LE CID.

J'ai pourtant un service à réclamer de toi.

FANÈS.

Ordonne et j'obéis.

LE CID.

Eh bien! consens...

FANÈS.

A quoi?

LE CID.

Tu vas te récrier.

FANÈS.

Devant quel sacrifice
Me vois-tu reculer quand tu veux un service ?

LE CID.

Eh bien donc, dans nos murs, Fanès, tu vas rester.

FANÈS.

Tandis qu'on se battra? qui? moi!...

LE CID.

Puis je y compter?

FANÈS.

Rester les bras croisés, derrière des murailles,
A me ronger ici le cœur et les entrailles,
Quand le Maure insolent qui d'un fils m'a privé,
Moi vivant, sous le ciel marche le front levé;
Quand ce profanateur qui ne veut pas me rendre
Un bien que ma colère a soif de lui reprendre,

Comme un lâche qu'il est, fait en se pavanant
Piaffer son cheval sur le corps de Fernand !

LE CID.

Je te promets sa vie.

FANÈS.

Il m'appartient : ma joie,
C'est de courir sur lui, c'est de saisir ma proie,
C'est de la renverser, c'est en la déchirant
D'arracher Fernand mort à Ben-Saïd mourant.

ELVIRE.

Qu'il y vole et que Dieu conduise son courage,
Puisqu'il n'a pas de fils pour venger cet outrage !
Qu'il veille, en vous suivant, non sur moi, mais sur vous !

LE CID.

Femmes, enfants, vieillards, qui vous défendra?

ELVIRE.

Nous;
Nous seuls : le cœur suffit à qui veut se défendre.
Vous le disiez tantôt, ma parole peut rendre

L'ame aux plus abattus, la jeunesse aux plus vieux,
Et le regard du Cid peut briller dans mes yeux.

LE CID, à Fanès.

Tu comprends maintenant ma crainte paternelle ;
Ce sacrifice, ami, le feras-tu pour elle ?

FANÈS.

Va donc seul !

LE CID.

J'ai ta foi ?

FANÈS.

Ma foi de chevalier ;
Mais ton danger pourtant pourra m'en délier ?

LE CID.

Je n'attendais pas moins ; viens dans cette accolade
Donner force et vaillance à ton vieux camarade !

FANÈS.

Hâte-toi de les vaincre ou je n'y tiendrai pas.

ELVIRE.

Quel second vous perdez !

LE CID.

Je le sais ; mais là-bas
Un plus jeune, Fanès, m'attend la tête haute.
Et son aide au besoin ne me fera pas faute.

(A Elvire.)

Libre du dernier soin qui pouvait m'émouvoir,
Je te quitte, et je sens que je dois te revoir.

Les chevaliers le suivent.

SCÈNE TROISIÈME.

ELVIRE, FANÈS.

FANÈS.

Il flatte tes chagrins de l'espoir qu'il emporte,
Mais tu l'avais bien dit, Fanès, ta race est morte.

ELVIRE.

C'est pour moi qu'à regret languit loin des drapeaux
Ce courage indigné qui maudit son repos.

FANÈS.

Personne de mon nom ne m'y remplace, Elvire.

ELVIRE.

Se peut-il? vous pensez... quoi? lui!.. ma voix expire.

FANÈS.

Tu sais tout.

ELVIRE.

Sur la plaine il n'a donc point paru?

FANÈS.

En l'y cherchant des yeux, dans nos rangs j'ai couru.

ELVIRE.

Sans le voir.

FANÈS.

Sans le voir.

ELVIRE.

Mais il y va descendre.

FANÈS.

Il craindrait d'y mourir.

ELVIRE.

Nul n'a pu vous apprendre
Ce qu'il fait, dans quels lieux il a porté ses pas?

FANÈS.

Je n'ai rien demandé.

ELVIRE.

Pourquoi ?

FANÈS.

Je n'osais pas :

J'avais peur à mon tour.

ELVIRE.

Ah ! malheureuse !

FANÈS.

O rage !

Mon sang qui brûle encor malgré le froid de l'âge,
Transmis à ce cadavre, en glace s'est changé
Dans son cœur de vingt ans où l'effroi l'a figé.
Pourtant, quand sur mon front j'avais sa honte écrite
Si quelqu'un l'eût flétri de l'affront qu'il mérite,
Me prenant à la gorge avec la vérité,
J'aurais crié : Tu mens ! à qui l'eût insulté,
Et faisant ce que jeune il n'a point osé faire,
Moi vieux, je serais mort pour prouver le contraire.

ELVIRE.

Mais s'il le prouve, lui !

FANÈS.

Ma race est morte, enfant.

ELVIRE.

Si, déjà dans la lice, il en sort triomphant !

FANÈS.

Elle est morte.

SCÈNE QUATRIÈME.

ELVIRE, FANÈS, RODRIGUE.

RODRIGUE.

Le Cid ?...

ELVIRE.

O ciel !

FANÈS.

C'est lui !

RODRIGUE.

Mon père !

FANÈS, à Elvire qui cache de honte sa tête dans ses mains.

Tu vois s'il combattait !

S'avançant l'épée haute vers son fils.

Reçois de ma colère
Ce trépas que tu fuis, infâme, et qui t'est dû.

ELVIRE, qui se jette entre eux.

C'est votre fils !

RODRIGUE.

Le Cid ne m'a pas attendu !
Je le rejoins.

FANÈS.

Demeure, ou je suis ton complice,
En souffrant que deux fois ta fuite m'avilisse.
Ton casque !

(Le lui arrachant.)

Il me le faut : tu l'as déshonoré.
Cimier de mes aïeux dont j'ai tant espéré
Quand j'ai mis sur son front ton étoile guerrière,
Puisqu'on t'a vu de peur revenir en arrière,

Astre tombé du front d'un Minaya qui fuit,
Rentre avec son honneur dans l'éternelle nuit.

(Il le jette à ses pieds.)

RODRIGUE.

Vous m'avez, ô mon père, avili devant elle;
J'ai dû souffrir de vous cette injure mortelle;
Un mot m'en laverait : je ne le dirai plus.

(A Elvire.)

Vos pleurs venus trop tard, vos remords superflus
Seront le châtiment de ce cruel silence;
Vous avez, sans parler, prononcé ma sentence.
Un casque! eh, pour mourir, qu'importe à qui vous perd?
Plus mon front sans défense à leurs coups est offert,
Mieux il attestera ma valeur méconnue;
Quand on est las de vivre on combat tête nue,
J'y cours.

SCÈNE CINQUIÈME.

ELVIRE, FANÈS.

FANÈS.

Combattre, lui, combattre !

ELVIRE, qui a semblé sortir d'un rêve aux derniers mots de Rodrigue et qui s'élance vers Fanès avec transport.

Il le fera !
Folle incrédulité qui de moi s'empara,
Pour frapper ma raison et mes sens de vertige !
Prodigue de sa vie, il le fera, vous dis-je.
Il l'a fait ! je l'ai vu : ses traits plus fiers, son œil,
Par le triomphe émus brillaient d'un noble orgueil ;
Ils révélaient... que sais-je ? un exploit que j'ignore ;
Mais enfin la victoire y palpitait encore.

Et sur les traits d'un fils vous la méconnaissez !
Dans votre aveuglement, c'est vous qui le chassez ;
Vous l'accablez vainqueur du dernier des outrages,
Et ce front qui revient digne de vos hommages,
Pour qu'à la mort qu'il cherche il ne puisse échapper,
Vous le livrez sans arme à qui veut le frapper.

FANÈS.

Qu'il reste ou parte et vive ou se perde lui-même.
Que vous importe ?

ELVIRE.

A moi? mais je l'aime ! je l'aime !
Ne vous l'ai-je pas dit? ne le voyez-vous pas?
Vous ne voyez donc rien? je l'aime, et sur ses pas
Je ne puis m'élancer pour écarter le glaive,
Pour m'offrir à sa place au fer qui me l'enlève ;
Je ne le puis, et vous qui l'avez désarmé,
Témoin de son départ sans en être alarmé,
Vous ne le suivez pas ; non, je vous vois tranquille ;
Vous lui devez l'exemple et restez immobile :
Quel droit aviez-vous donc de le traiter ainsi?
Guerrier, quand on combat, que faites-vous ici ?

FANÈS.

Martyr de mon serment, puis-je rien entreprendre.

ELVIRE.

Je vous en affranchis.

FANÈS.

Ne dois-je pas défendre
Vos jours ?

ELVIRE.

Pensez aux siens.

FANÈS.

Ne l'ai-je pas promis ?
Et votre honneur sacré ne m'est-il pas commis ?

ELVIRE, mettant la main sur le poignard qu'elle porte à sa ceinture.

Voilà son défenseur ! allez ; plus d'épouvante
Pour moi qui dans leurs mains ne peux tomber vivante.
Mais lui, je veux qu'il vive ; oui, c'est pour lui, pour vous
Que je vous en conjure, et si, même à genoux,

Je ne puis triompher de votre indifférence,
Je l'ordonne, et réponds d'Elvire, de Valence,
De tout, pourvu qu'il vive. Allez, courez, volez ;
Enfin c'est moi, s'il meurt, moi que vous immolez ;
Me tûrez-vous ?

SCÈNE SIXIÈME.

ELVIRE, FANÈS, BEN-SAID, ÉCUYERS
qui restent dans la galerie au fond.

FANÈS.

Grand Dieu! la fortune aurait-elle
Trahi pour le croissant notre sainte querelle?
Des turbans dans nos murs! un Maure!...

BEN-SAÏD.

Un prisonnier.
Vieillard, rends à ton fils un hommage dernier;
Je viens te rapporter sa dépouille insensible :
Le bras qui l'a vaincu cesse d'être invincible.

FANÈS.

Tu serais Ben-Saïd?

BEN-SAÏD.

Je le suis.

FANÈS.

Ah ! l'ami,
Qui m'a tenu sa foi, ne l'a fait qu'à demi.
Il me devait tes jours ; je rougis de les prendre
En frappant un captif qui ne peut se défendre.

BEN-SAÏD.

Il le pourra bientôt.

FANÈS.

Comment ?

ELVIRE.

Que dites-vous ?

BEN-SAÏD.

Que la bataille enfin semble pencher pour nous,
Et libre...

FANÈS.

Je cours donc où mon devoir m'appelle :
C'est à côté du Cid.

A quelques chevaliers qui restent aussi dans la galerie.

Amis, veillez sur elle !
Les nôtres ont plié, je pars ; en l'embrassant,
Une larme à mon fils ! à son vengeur, mon sang !

SCÈNE SEPTIÈME.

ELVIRE, BEN-SAÏD.

ELVIRE.

Ce vengeur, c'est mon père?

BEN-SAÏD.

Acceptant mon partage,
J'aurais pu, fier encor, lui céder l'avantage.

ELVIRE.

Un chrétien le remporte, et ce n'est pas lui?

BEN-SAÏD.

Non;
Je tombe sans éclat sous un guerrier sans nom.

ELVIRE.

Un inconnu?

BEN-SAÏD.

J'avais pitié de sa jeunesse.

ELVIRE.

Un jeune homme?

BEN-SAÏD.

Un jeune homme; et comme à sa faiblesse,
Sûr de moi, j'insultais à son obscurité.

ELVIRE.

C'était le Cid obscur par Gormas insulté!

BEN-SAÏD.

En un jour et d'un coup sa renommée est faite.

ELVIRE.

Comme celle du Cid!

BEN-SAÏD.

C'est peu de ma défaite;

Il triomphe deux fois : sur la poudre étendu,
J'offrais ma gorge au fer, pour frapper suspendu,
Quand, son genou cessant de presser ma poitrine :
« Sois sauvé, m'a-t-il dit, par cette voix divine
» Qui de tout pardonner au chrétien fait la loi !
» Le meurtrier d'un frère a grâce devant moi. »

ELVIRE.

D'un frère ! il s'exposait pour la cause d'un frère !
C'est Rodrigue ! lui seul, plus heureux que mon père,
De ce double triomphe a pu se couronner ;
Seul il a pu vous vaincre, et seul vous pardonner.
Mon cœur, qui le nommait, reconnaissait d'avance
Rodrigue à sa valeur, Rodrigue à sa clémence ;
Il est digne de moi ; c'est lui ; j'ai retrouvé
Le héros que j'aimais et que j'avais rêvé !

SCÈNE HUITIÈME.

ELVIRE, BEN-SAID, FANÈS, qui s'avance à pas lents et la consternation sur le visage.

ELVIRE, à Fanès.

Quoi! si tôt de retour?... La bataille est perdue!

FANÈS.

Par les Maures, Elvire; et leur foule éperdue,
Ensanglantait la plaine où j'arrivai trop tard
Pour voir devant la croix tomber leur étendard,
Débris qu'on foule aux pieds, tronçon qui sur le sable
Au Dieu qu'il a bravé fait amende honorable.

BEN-SAÏD.

Je n'ai pu le défendre!

ELVIRE, à Fanès.

Alors qui pleurez-vous?
Est-ce mon père ou lui que m'ont ravi leurs coups?
Qui des deux?

FANÈS.

Jour de deuil!

ELVIRE.

A peine je respire...
Tous deux peut-être?

FANÈS.

Hélas! c'est le Cid.

ELVIRE.

Il expire!

(Regardant Fanès qui ne lui répond pas.)

Il n'est plus!

FANÈS.

Je l'ai vu, cette fleur des guerriers,
Couché sur un amas de drapeaux prisonniers.

Sans blessure, la mort l'a surpris dans sa gloire;
Et telle est la stupeur qui malgré sa victoire
A glacé tous les bras comme tous les regards,
Que son arme est restée au pouvoir des fuyards.
Il est tombé le Cid, mais sans que dans la lutte
L'effort d'un bras humain eût l'honneur de sa chute;
Vaincu par la fatigue, écrasé sous le faix
Que ce dernier triomphe ajoute à ses hauts faits.
Comme si, pour porter l'immense nom qu'il laisse,
La force désormais manquait à sa vieillesse.

ELVIRE, voyant approcher le lit où l'on rapporte le Cid.

Ah! je pourrai du moins l'arroser de mes pleurs!

SCÈNE NEUVIÈME.

ELVIRE, BEN-SAID, FANÈS, LE CID, L'ÉVÊQUE DE VALENCE, CHRÉTIENS, PRISONNIERS MAURES, BANNIÈRES.

ELVIRE.

Ranime-toi, mon père, au cri de mes douleurs!
Mon père!... Mais le ciel exauce ma prière :
Son cœur bat, il respire, il rouvre sa paupière.
Vous m'êtes donc rendu!

LE CID, qu'on soutient et qui promène ses regards autour de lui.

Mon épée!... A ma voix
Nul de vous ne répond?

FANÈS.

Pour la première fois,
Devant les Sarrazins ta main l'avait quittée...

LE CID.

Ils l'emportent?

FANÈS.

Plus fiers de l'avoir emportée,
En profitant, mon Cid, du désespoir des tiens,
Que de mille étendards conquis sur les chrétiens.

LE CID.

Captive! et Dieu permet qu'un moment je revive,
Pour savoir que du Maure, Elvire, elle est captive!

(A Fanès.)

Passée aux ennemis et reniant la croix
Elle attaquera donc mon pays et mes rois;
Et, servant Mahomet, il se peut qu'elle brille
Aux mains d'un mécréant pour menacer ma fille.

FANÈS.

Du vol de ce trophée étais-je donc témoin?

Que faire après? ton bras l'avait laissé si loin!
Pourquoi n'avais-tu pas ton Fanès à ta suite?
Que n'avais-tu Fernand? à leur armée en fuite
Il l'aurait arraché; mais il n'était plus là.
Quant à l'autre, le lâche...

ELVIRE, à Fanès.

Arrêtez!...

SCÈNE DIXIÈME

ET DERNIÈRE.

ELVIRE, BEN-SAID, LE CID, FANÈS, L'ÉVÊQUE, RODRIGUE qui accourt, l'épée du Cid à la main, et la dépose sur son lit.

RODRIGUE.

La voilà!
La voilà!

LE CID.

Désarmé, sur eux tu l'as reprise!

BEN-SAÏD.

Mon vainqueur pouvait seul tenter cette entreprise,
Et l'achever.

FANÈS.

Qui? lui, c'est ton vainqueur?

LE CID, se soulevant sur ses drapeaux, à Fanès.

Eh bien!...

ELVIRE.

Que vous avais-je dit?

FANÈS, qui s'élance pour embrasser Rodrigue, et tombe un genou en terre devant lui.

Pardon, mon fils!

LE CID.

C'est bien,

Fanès!

A son épée, qu'il baise.

Tu me reviens à mon heure dernière,
Vieille amie, et sans lui tu restais prisonnière;
Tu devenais païenne; il t'a sauvé l'honneur;
Et de me dire adieu tu lui dois le bonheur.
Moi, mon temps est fini; mais le tien va renaître,
Bonne épée; après moi je te destine un maître

Qui ne peut, sans mourir, te laisser en chemin,
Et tu ne croiras pas avoir changé de main.
Sois donc à lui !... Justice est qu'elle t'appartienne;
Prends, Rodrigue, et défends ma conquête...

(Montrant Elvire.)

Et la tienne.

RODRIGUE.

Elvire !

LE CID.

Elle est à toi. Fanès... ma fille... adieu !...

FANÈS.

Je ne te verrai plus !

LE CID.

Que dans les bras de Dieu.
A vos sons belliqueux, si doux pour la vaillance,
Tambours, que du soldat l'ame vers Dieu s'élance !

(A l'évêque.)

Mon père... que vos vœux l'accompagnent aussi...
Bénissez... le chrétien... Chimène, me voici !

ELVIRE, *tombant sur le corps de son père.*

Il meurt !

(Tandis que l'évêque étend les mains pour le bénir, les tambours font entendre un roulement sourd, les bannières s'abaissent, tous les chevaliers sont à genoux, excepté les Maures, qui s'inclinent.)

L'ÉVÊQUE, *les mains toujours étendues sur le lit funèbre.*

L'ame du Cid au ciel est remontée.

ELVIRE, *qui se relève.*

Mais sa grande ombre, amis, dans Valence est restée.
Sa bannière y triomphe ; il l'y faut maintenir :
Qu'elle y prenne racine, et que dans l'avenir,
Fallût-il chaque jour vous remettre en campagne,
Son nom reste à Valence et Valence à l'Espagne !
Tel est son vœu pour nous.

FANÈS.

Il sera respecté.

ELVIRE.

Pour lui-même, guerriers, voici sa volonté.

RODRIGUE.

Et nous l'accomplirons.

ELVIRE.

Qu'un convoi le ramène.
A travers les païens, au tombeau de Chimène,
Que, droit sur les arçons et Tizonade au vent,
La face à l'ennemi, son corps marche en avant,
Et si désir leur vient de vous barrer la route,
Son ombre suffira pour les mettre en déroute.

TOUS LES CHEVALIERS.

Victoire au Cid !

ELVIRE.

Sans vie, il doit les vaincre encor :
Victoire au Cid !

TOUS LES CHEVALIERS.

Victoire au Cid Campéador !

(Les tambours battent, les chevaliers lèvent leurs épées, les bannières s'agitent autour du lit funèbre. La toile tombe.

FIN DU TROISIÈME ET DERNIER ACTE.

www.ingramcontent.com/pod-product-compliance
Ingram Content Group UK Ltd.
Pitfield, Milton Keynes, MK11 3LW, UK
UKHW020247180726
13839UKWH00001B/216